Gerd Hachmöller

Mutti wars nicht

Gerd Hachmöller

MUTTI WARS NICHT

Populäre Legenden & kollektive Irrtümer über Angela Merkel, Flüchtlingspolitik und Europa

GOLDEGG
VERLAG

Umschlaggestaltung: Alexandra Schepelmann/donaugrafik.at
Coverfoto: flickr.com/Arno Mikkor (EU2017EE); CC BY 2.0
Rechte Autorenfoto: © Kerstin Haase
Lektorat: Rebekka Haindl/woertereule.at

Die Autoren und der Verlag haben dieses Werk mit höchster Sorgfalt erstellt. Dennoch ist eine Haftung des Verlags oder der Autoren ausgeschlossen. Die im Buch wiedergegebenen Aussagen spiegeln die Meinung der Autoren wider und müssen nicht zwingend mit den Ansichten des Verlags übereinstimmen.

Der Verlag und seine Autoren sind für Reaktionen, Hinweise oder Meinungen dankbar. Bitte wenden Sie sich diesbezüglich an verlag@goldegg-verlag.com.

Der Goldegg Verlag achtet bei seinen Büchern und Magazinen auf nachhaltiges Produzieren. Goldegg Bücher sind umweltfreundlich produziert und orientieren sich in Materialien, Herstellungsorten, Arbeitsbedingungen und Produktionsformen an den Bedürfnissen von Gesellschaft und Umwelt.

ISBN: 978-3-99060-240-9

© 2021 Goldegg Verlag GmbH
Unter den Linden 21 • D-10117 Berlin
Telefon: +49 800 505 43 76-0

Goldegg Verlag GmbH, Österreich
Mommsengasse 4/2 • A-1040 Wien
Telefon: +43 1 505 43 76-0

E-Mail: office@goldegg-verlag.com
www.goldegg-verlag.com

Layout, Satz und Herstellung: Goldegg Verlag GmbH, Wien
Printed in the EU

FÜR FARMOR

Inhaltsverzeichnis

Legendenbildung um die uneitle Kanzlerin

Dr. Angela Merkel ist ein Phänomen. Die von vielen als »Mutti« titulierte ostdeutsche Physikerin steht seit 16 Jahren an der Spitze der deutschen Bundesregierung und leitet diese unprätentiös, mit viel Pragmatismus, ohne große Visionen, aber recht erfolgreich. Angela Merkel besitzt eine hohe Integrität. Sie zeigt keine Allüren, lebt bescheiden, ist bodenständig. Ihr Politikstil ist zurückhaltend, berechnend und vernunftgesteuert. Wir haben sie in den Medien nie aufbrausend, protzig oder eitel erlebt, wie man es von vielen ihrer männlichen Kollegen her kennt. Der Freund eines Verwandten von mir stand mal an einer Supermarktkasse in Berlin Mitte hinter ihr in der Schlange, als sie die Zutaten für das Essen kaufte, das sie sich und ihrem Mann an diesem Tag kochen wollte. Allein dies sagt schon viel über das Selbstverständnis der Kanzlerin eines Landes mit 83 Millionen Einwohnern aus.

Die politische Bilanz von Angela Merkel ist, je nach Betrachtungsweise, mehr oder weniger erfolgreich. Aber wirtschaftlich geht es den Deutschen nach 16 Jahren Merkel gut, die Arbeitslosigkeit ist niedrig, der soziale Frieden blieb gewahrt, und auch schwierige außenpolitische Situationen wurden unbeschadet überwunden. Stichworte sind hier Griechenland und Donald Trump. In der Coronapandemie hat die Kanzlerin eine gute Figur gemacht, und auch wenn sie sich mit ihren warnenden Worten nicht immer bei den 16 Ministerpräsidenten der Länder durchsetzen konnte, so ist Deutschland unter den fünf EU-Ländern mit der geringsten Zahl an Corona-Toten pro Kopf der Bevölkerung.

Constantin Schreiber bezeichnete Angela Merkel als die »personifizierte Mitte der Gesellschaft«[1]. Sie prägte den Politikstil der »asymmetrischen Demobilisierung«, also dem Vermeiden klarer Stellungnahmen zu kontroversen Themen und war deshalb für viele politische Beobachter nur schwer greifbar. Sie erfreute sich über ihre gesamte Amtszeit hinweg eines hohen Ansehens, im Ausland wie auch bei den Deutschen selbst, die sie viermal hintereinander zu ihrer Kanzlerin wählten und in vielen SPIEGEL-Umfragen zur beliebtesten Politikerin Deutschlands erkoren, was für das Amt des Bundeskanzlers ungewöhnlich ist. Heute gibt es Kinder in Deutschland, die ihre Eltern fragen, ob auch ein Mann Kanzlerin werden darf. 2011 empfing Angela Merkel vom damaligen amerikanischen Präsidenten Obama die Freiheitsmedaille als höchste zivile Auszeichnung der USA. 2015 erklärte das TIME MAGAZINE sie zur »Person of the Year«, das Forbes-Magazin wählte sie viermal hintereinander zur »World's Most Powerful Woman«. In US-amerikanischen Medien und Youtube-Beiträgen wurde sie zu Zeiten von Trumps Regentschaft mehrfach, teils ernsthaft und teils spaßeshalber, als neuer »Leader of the Free World« bezeichnet – ein Titel, der eigentlich fest an das Präsidentenamt der USA gebunden ist. Während ihrer Amtszeit landete Deutschland in einer weltweiten BBC-Umfrage sogar auf Platz eins der beliebtesten Nationen.[2] Und auf dem internationalen Korruptionswahrnehmungsindex »Transparency Index« steht Deutschland 2019 auf Platz neun von 180 Ländern.[3]

Dennoch haben sich in den vergangenen Jahren wilde Verschwörungsmythen rund um die Person dieser deutschen Kanzlerin gebildet.

Im Herbst 2020 rieben sich viele Zuschauer von Nachrichtensendungen verwundert die Augen. Die Demonstrationen gegen die Corona-Maßnahmen der Bundesregierung waren bevölkert von einer höchst merkwürdigen Melange von

Impfgegnern, Verschwörungstheoretikern, Reichsbürgern und Rechtsradikalen, die in einem freien Land lebten und sich in einer »Merkel-Diktatur« wähnten. Viele der Demonstranten verdächtigten die Bundeskanzlerin, Urheberin einer großen Verschwörung zu sein, um die deutsche Bevölkerung mit einem Impfzwang entweder umzubringen, zu sterilisieren oder zu »chippen«.

Ich fragte mich, woher dieser Impuls kam, einer demokratisch gewählten und im Ausland für ihre Integrität bewunderten Politikerin derart absurde Absichten zu unterstellen?

Gefördert wurden diese Protestströmungen einerseits durch die sozialen Medien, welche im letzten Jahrzehnt für große Teile der Bevölkerung die Tageszeitungen und öffentlich-rechtlichen Nachrichtensendungen als primäre Informationsquellen ersetzt haben. Soziale Netzwerke bieten auch den krudesten Ideologien eine grenzenlose Verbreitung. So konnte man über Angela Merkel wahlweise lesen, sie sei ein Reptiloid, eine zionistische Jüdin oder die Tochter von Adolf Hitler und Eva Braun. Auch wurde behauptet, die für sie typische Geste, ihre Hände zu einer Raute zu formen, beweise, dass sie von einer Freimaurerloge gesteuert werde, in deren Auftrag sie die deutsche Bevölkerung gegen Araber austausche.[4]

Sie meinen, dies seien nur die verrückten Ansichten harmloser Spinner, für welche der Großteil der Bevölkerung unempfindlich sei? Das wäre schön, aber leider rütteln Verschwörungstheorien, so abwegig sie auch erscheinen mögen, auf Dauer am Vertrauensfundament unserer politischen Führung und unserer Demokratie. Steter Tropfen höhlt den Stein. Und in den Echokammern sozialer Medien kommen die Nutzer hauptsächlich mit Meinungen in Kontakt, die den eigenen Anschauungen entsprechen, wirken sie doch eher meinungsverstärkend als hinterfragend. Die Folge: Nach einer Studie des Institutes der Deutschen Wirtschaft

(IW) glaubten 2020 ein Viertel der Deutschen, dass Politik und Medien »unter einer Decke« stecken. 23 % der Bevölkerung glauben sogar, dass es »geheime Organisationen« gibt, die »großen Einfluss auf politische Entscheidungen haben«[5].

Die sozialen Medien geben Verschwörungstheoretikern die Möglichkeit, sich zu vernetzen. Wo früher einer im Bekanntenkreis als »der Verrückte« abgewunken wurde, der von Aliens und Verschwörungen erzählt hat, hat dieser jetzt mit dem Internet Zugriff auf ganze Foren und Netzwerke, die diese Theorie unterstützen! Das mögen sogenannte »Trolle« sein, die absichtlich Falschinformationen verbreiten, oder auch Leute, die leider wirklich daran glauben. Möglicherweise hat jemand einmal zum Spaß mit Photoshop ein Bild bearbeitet, das Angela Merkel angeblich als Echsenfrau entlarvt – durchs Internet verbreitet sich so etwas aber rasend schnell, und dann gibt es tatsächlich auch Leute, die das für die Realität halten. Wo früher »selbst denken« angesagt war, werden heute viele Informationen schnell am Handy nachgelesen. Oft wird dann die erstbeste (populärste) ohne weitere Recherche geglaubt, nach dem Motto: »Wenn es im Internet steht, muss es wahr sein!«

Woher kommen die Verschwörungstheorien gegen Angela Merkel?

Wenn wir die Genese von Verschwörungstheorien rund um die Person der deutschen Bundeskanzlerin untersuchen, haben diese ihren Ursprung im Jahr 2015. Damals wurden Angela Merkel erstmals in größerem Umfang dunkle Machenschaften unterstellt, die sich gegen ihr eigenes Volk richteten, und zwar im Zusammenhang mit der deutschen Flüchtlingspolitik.

Im Herbst 2015 machten sich die AFD und andere

rechtsradikale Gruppierungen die Verschwörungstheorie aus den sozialen Netzwerken zu eigen, die Kanzlerin wolle die deutsche Bevölkerung eigenmächtig »umvolken«, also durch arabische und afrikanische Einwanderer ersetzen. Schon damals trat für die Anhängerinnen und Anhänger dieser Behauptung die Frage, welchen Vorteil eine Regierungschefin davon haben sollte, sich auf diese Weise ihrer Bevölkerung zu entledigen, ebenso in den Hintergrund wie die Tatsache, in einer der transparentesten Demokratien und freiesten Gesellschaftsformen der Welt zu leben. Zugrunde lag die These, Angela Merkel habe die massenhafte Flüchtlingseinwanderung zu verantworten. Proteste richteten sich auch gegen eine angebliche »Lügenpresse«, die im Zusammenhang mit dem Flüchtlingsthema nicht objektiv berichte.

Es gibt eine Verbindung zwischen den Zuschreibungen, denen Angela Merkel im Zuge der Corona-Maßnahmen ausgesetzt war und denen, die in der sogenannten Flüchtlingskrise fünf Jahre zuvor auftauchten. Im Kern ging es in beiden Fällen »um eine Fortsetzung von sehr rechtsgerichteten Formen der Staatskritik, der Elitenkritik, der Kritik am politischen System«.[6]

Falsche Zuschreibungen rund um die Person der Bundeskanzlerin sind nach wie vor ein Nährboden für Verschwörungstheorien und gefährden die Demokratie in Deutschland. Eines von vielen Beispielen dafür sind die Verbrechen des Attentäters von Halle (Saale), der an Jom Kippur 2019, dem heiligsten jüdischen Feiertag, versuchte, ein Massaker unter Juden zu verüben, zwei Menschen erschoss und weitere verletzte, und schließlich seine Tat im Internet streamte. Er begründete seine Tat mit Versatzstücken der Verschwörungserzählung vom »großen Austausch«.

Die lange Haltbarkeit solcher Verschwörungsmythen in einem aufgeklärten Land wie Deutschland zeigt, dass es offenbar nicht gelungen ist, falsche Zuschreibungen zu Angela Merkel vollständig aufzuarbeiten.

Vielleicht muss für eine solche Aufarbeitung auch erst Zeit vergehen. Wäre man den Verschwörungsmystikern, die zum Teil die Corona-Demos bevölkerten, mit dem Argument entgegentreten, dass die Impfung ungefährlich sei und der große Völkermord damit ausbleibt, hätten diese einem vielleicht geantwortet, dass sich die Gefährlichkeit des Impfstoffes schon noch zeigen werde. Behauptungen, welche die Zukunft betreffen, kann man nicht eindeutig widerlegen. Auch im Jahr 2016 konnte man Teilnehmerinnen und Teilnehmern der Pegida-Demonstrationen erfolglos entgegenhalten, dass Angela Merkel keine Umvolkung plane. Die Anhänger der Verschwörungstheorie konnten stets erwidern: »Ja, ja, ihr werdet schon sehen …«

Nun aber, sechs Jahre nach »Wir schaffen das«, ist es möglich, die zugrunde liegenden falschen Zuschreibungen sachlich aufzuarbeiten. Nachdem durch den Brand auf Moria Flüchtlinge erneut zum politischen Thema geworden sind, ist es an der Zeit, einen genaueren, faktenbasierten Blick auf ein paar populäre Legenden zu Angela Merkel und der Flüchtlingspolitik zu werfen, die bis in die Mitte der Gesellschaft vorgedrungen sind.

Viele der vermeintlich gut informierten Deutschen mögen sich zufrieden zurücklehnen und denken, dass Angela Merkel nur von der AFD oder Querdenkern dämonisiert wird – tatsächlich aber betreffen falsche Zuschreibungen zur Kanzlerin und andere Missverständnisse zur Flüchtlingspolitik den Großteil der deutschen Bevölkerung und leider auch die Medien. Diese halten die Kanzlerin bis heute für die Hauptverantwortliche für die Aufnahme von einer Million Flüchtlingen im letzten Jahrzehnt.

Die Intention dieses Buches ist nicht, Partei zu ergreifen. Weder für Angela Merkel noch für ihre Widersacher, weder für die deutsche Position in der europäischen Flüchtlingspolitik noch für andere EU-Länder und erst recht nicht für die

Feinde der Demokratie in Deutschland. Dieses Buch möchte helfen, mediale Zuschreibungen und populäre Legenden kritisch zu hinterfragen und in Zukunft bei so wichtigen Fragen wie der Zuwanderung den Fakten mehr Augenmerk einzuräumen als lieb gewonnenen Klischees.

Mein persönlicher Bezug zum Thema Zuwanderung entstand im Jahr 2013. Damals hatte ich begonnen, Fortbildungen für ehrenamtliche Flüchtlingshelfer zu begleiten. Diese vom Land Niedersachsen finanzierten »Integrationslotsenkurse« krankten an inhaltlichen Lücken. So war das Curriculum vor allem geprägt durch Übungen zur eigenen Wahrnehmung, zu Toleranz und zur Entwicklung von mehr Verständnis für die Situation von Zuwanderern. Die Teilnehmer in diesen Kursen hatten nach meiner Wahrnehmung jedoch all dies bereits im Überfluss. Sie strotzten geradezu vor Toleranz und Verständnis für Zuwanderer aller Art. Was ihnen dagegen fehlte, war ein Verständnis der Zuständigkeiten, des Asylverfahrens, der Rolle des Rechtsstaates sowie ein ehrlicher Blick auf Fluchtursachen.

So waren z. B. die meisten Teilnehmer der Meinung, dass anerkannte Asylbewerber in Deutschland Asyl erhalten würden. Tatsächlich jedoch bekommen letztlich weniger als ein Prozent den Schutzstatus »Asyl« zugesprochen.

Auch schien es mir in den Integrationslotsenkursen so, als sähen viele Teilnehmer Flüchtlinge als ihre Schutzbefohlenen an, wie unmündige Kinder, die sich in einer ständigen Opferrolle befinden. Das äußerte sich z. B. dadurch, dass sie meist von »ihren« Flüchtlingen sprachen. Toleranz und Hingabe war für viele Ehrenamtliche folglich die Handlungsmaxime. Darüber hinaus waren einige der Kursteilnehmerinnen und Kursteilnehmer verstrickt in ein eigenes Helfersyndrom, indem sie durch die völlige Selbstaufopferung in der Flüchtlingshilfe versuchten, andere Probleme in ihrem Leben zu kompensieren. Dadurch wurde ihre Hilfe oft übergriffig und entmündigend. Anstatt Flüchtlinge in die Lage zu versetzen, sich selbst helfen zu können (neudeutsch würde man »empowern« sagen) und sich selbst als Helfer möglichst schnell überflüssig zu machen, zementierten einige Ehrenamtliche die Abhängigkeit »ihrer« Flüchtlinge zu sich als »Retter«, indem sie ihnen möglichst viel aus der Hand nahmen.

Vor diesem Hintergrund begann ich 2014, eigene Workshops für ehrenamtliche Flüchtlingshilfe zu konzipieren. Hierbei stand im Vordergrund, Fakten zu vermitteln, einen ehrlichen und unverblümten Blick auf die Themen Flucht, Fluchtursachen und Rechtsstaat zu werfen sowie die Teilnehmenden zu motivieren, »Hilfe zur Selbsthilfe« zu leisten, anstatt zu entmündigen.

Dann kam das, was wir in Deutschland rückblickend die »Flüchtlingskrise« nennen, da sie Kommunen und Länder vorübergehend an den Rand ihrer Leistungsfähigkeit brachte. Am 14. Oktober 2015 wurde ich beauftragt, ein Notaufnahmelager für 500 Flüchtlinge in unserem Landkreis einzurichten und zu leiten. Das Land Niedersachsen war zu diesem Zeitpunkt nicht mehr in der Lage, die weiterhin in den Erstaufnahmeeinrichtungen eintreffenden Flüchtlinge unterzubringen und hatte die Landkreise um Amtshilfe gebeten. Für den Aufbau dieses Camps im kleinen Ort Visselhövede hatten wir 48 Stunden Zeit, bevor die Ankunft der ersten Busse erwartet wurde. Die folgenden Tage und Wochen zählten zu den aufregendsten in meinem ansonsten eher beschaulichen Kleinstadtleben, und ich erhielt die einmalige Chance, mit einer Vielzahl von Flüchtlingen, die erst wenige Stunden zuvor nach Deutschland gekommen waren, in direkten Kontakt zu treten. Die Blicke der ersten Familie, die mitten in der Nacht erschöpft aus dem Bus stieg und deren Eltern zwei kleine Kinder auf den Armen trugen, werde ich nie vergessen. Viele meiner Kolleginnen und Kollegen aus der Kreisverwaltung hatten sich damals bereit erklärt, als Helfer in dem Camp zu arbeiten. Verstärkt wurden wir durch Ehrenamtliche aus den umliegenden Ortschaften.

Alle taten ihr Bestes, um die Ankommenden mit Essen, medizinisch und mit Schlafmöglichkeiten zu versorgen und sich um ihre diversen Anliegen zu kümmern. Wir hatten das Gefühl, bei etwas Historischem mit dabei zu sein, und von den meisten Camp-Bewohnern wurde uns viel Dankbarkeit entgegengebracht. Ich erinnere mich an viele Gespräche in der Registratur, die wir mithilfe von Übersetzern oder auf Englisch mit den Neuankömmlingen führen konnten, um diese etwas näher kennen zu lernen. Woher kommen Sie? Wie lange waren Sie unterwegs? Haben Sie einen Beruf? Was brauchen Sie am dringendsten?

In Erinnerung bleiben wird mir aber auch die Anspruchshaltung einiger Flüchtlinge, wenn es um eine zügige Behandlung ihrer Anliegen, um die Versorgung mit Essen und Kleidung oder um die Arbeitsvermittlung ging. Während die meisten Bewohner des Camps ausgesprochen dankbar und zufrieden waren, beschwerten sich einzelne schon nach wenigen Stunden über unbekannte Zimmernachbarn, unpassende Kleidung in der Kleiderkammer, zu dünne Decken oder zu wenig Sprachkurse. Und das, obwohl die Verhältnisse in unserem Camp zwar nicht luxuriös, aber doch deutlich besser waren als alles, was diese Menschen auf ihrer mehrwöchigen Flucht bisher erlebt hatten. Das rief bei mir und meinen Mitarbeitern Fragezeichen auf. Dachten diese Menschen, dass wir nur auf sie gewartet hätten, um ihnen jeden Wunsch zu erfüllen? Dass wir sie vielleicht sogar eingeladen hätten, nach Deutschland zu kommen? Offenbar hatten einige der Flüchtlinge völlig überzogene Erwartungen von Deutschland. Woher kamen diese Erwartungen?

Diesen Unstimmigkeiten nachzuspüren und sie aufzuklären, wurde mir seit diesen Tagen zu einem Bedürfnis, und es gelang mir in den folgenden Jahren immer besser zu verstehen, welche Missverständnisse und kulturellen Unterschiede für dieses Verhalten einzelner ausschlaggebend waren und mit welchen Bildern im Kopf Flüchtlinge nach Deutschland gekommen sind. Und das wiederum stieß mich auf die Frage, welche Bilder von Flüchtlingen wir Deutschen eigentlich im Kopf haben. Stimmen diese? Sind Flüchtlinge immer nur in der Opferrolle? Oder sollte man sie nicht als erwachsene Menschen sehen, die eine anstrengende und gefährliche Flucht geschafft hatten und die eigene Entscheidungen treffen können? Welchen Anteil hatten die Medien an unserem Bild von Flüchtlingen?

Fortan ließ mich das Thema Zuwanderung nicht mehr los, wenn ich als Koordinator für Flüchtlingsfragen im Landkreis oft mit Flüchtlingen, ehrenamtlichen Flüchtlingshelfern, Unternehmen oder Institutionen zu tun hatte. Nebenberuflich führte ich weiter Workshops durch, die neben ausländerrechtlichen Aspekten und der Psychologie des Helfens zunehmend auch das Thema »Kulturelle Unterschiede« behandelten. Hier arbeitete ich gemeinsam mit meinem Freund Samer Tannous zusammen, der in Damaskus als Hochschuldozent gearbeitet hatte, selbst 2015 mit seiner Familie aus Syrien geflohen war und viele eigene Erfahrungen beisteuern konnte. Samer verfügte nicht nur über eine gute Beobachtungsgabe, was kulturelle Unterschiede im Alltag anging, sondern kannte die Perspektive des Flüchtlings, insbesondere die Erwartungshaltung von Syrern mit Blick auf Deutschland. Nach zahlreichen gemeinsamen Workshops verfassten wir wöchentliche Kolumnen für SPIEGEL+ und schließlich das Buch »Kommt ein Syrer nach Rotenburg (Wümme)«, welches 2020 im DVA-Verlag erschien. Beim Schreiben des Buches klärte mich Samer über viele Missverständnisse auf, denen Deutsche wie auch Zuwanderer mit Blick auf die Aufnahme von Flüchtlingen unterliegen. Viele syrische Flüchtlinge, so bestätigte Samer mir, hätten sich 2015 von Deutschland eingeladen gefühlt, weil ihnen Verwandte im Ausland, arabische Medien oder Schlepperorganisationen ein falsches Bild vermittelt hatten. Syrer, die vorher nur davon träumen konnten, nach Deutschland auszuwandern, ergriffen daraufhin diese Chance über die »Balkanroute«.

Auf diese Weise hatte ich in den letzten Jahren das Privileg, viele Gespräche mit unterschiedlichen Menschen über das Flüchtlingsthema führen zu dürfen. Dabei stellte ich unter anderem fest, dass viele Flüchtlinge und Deutsche eine Schnittmenge in der fixen Idee haben, dass *die Aufnahme der Flüchtlinge in Deutschland irgendwie Frau Merkel zu verdanken sei.*

Eine weitere Meinung, die ich oft hörte, war jene, Deutschland müsse Italien und Griechenland entlasten, die schließlich »*die Hauptlast der Flüchtlingskrise zu tragen*« hätten. Wiederholt vernahm ich die Einschätzung, die Flüchtlinge seien nicht freiwillig nach Deutschland gekommen, weshalb man sie auch nicht zu gesellschaftlicher Integration drängen sollte. Wie bitte?

Neben meiner beruflichen Tätigkeit bin ich interessierter Zeitungsleser, verpasse selten die Tagesschau und sehe mir mit meiner Frau gerne Talkshows im Fernsehen an. Erstaunlicherweise wiederholten sich in den Talkshows, zum Teil sogar in Printmedien und Nachrichtensendungen, diese fragwürdigen Vorstellungen, die ich von Menschen in meinem persönlichen Umfeld inzwischen so oft vernommen hatte.

Bei der weiteren Recherche stieß ich auf ein umfangreiches Literaturangebot zu den Themen »Flüchtlingspolitik« und »Angela Merkel«. Die Zahl der Zeitungsberichte zu diesem Themenkomplex dürfte seit 2015 in Deutschland mehrere Hunderttausend betragen haben. Die Otto Brenner Stiftung untersuchte 2017 das Medienecho der »Flüchtlingskrise« in Deutschland. Die Studie zählte zwischen Februar 2015 und März 2016 allein 5.456 Beiträge zu diesem Thema in der WELT, 5.289 Texte in den Nürnberger Nachrichten, im Berliner Tagesspiegel 6.051 Beiträge.[7] Eine ähnliche Zahl aus den jeweiligen Onlineangeboten kommt hinzu. Und das waren nur drei Zeitungen im Zeitraum eines Jahres. Auch die Zahl der Bücher zu diesem Themenkomplex ist enorm, selbst wenn wir einen großen Teil davon als rechtsradikale Propaganda zur Seite legen können.

Ich fragte mich: Kann es wirklich sein, dass in einem Land wie Deutschland so viele Menschen kollektiven Irrtümern unterliegen? Ist vielleicht die regelmäßige Beschallung vonseiten der AFD und PEGIDA dafür verantwortlich, weil diese oft die Eckpfeiler der Debatte setzen und anschließend das ganze Thema auf bestimmte Parolen bzw. deren Widerlegung verengt wird? Dadurch fallen auch Menschen, die grundsätzlich keine rechtsextreme Haltung haben, auf bestimmte Klischees und Vorurteile herein. Wo bleibt die sachliche, neutrale und faktenbasierte Analyse des Fluchtgeschehens, die weder von deutschen Schuldkomplexen und falscher Toleranz noch von Ausländerfeindlichkeit oder Verschwörungstheorien getrieben wird?

Nach Lektüre dieses Buchse werden Sie viele der Mythen um die Zuwanderungsdebatte leicht als solche enttarnen und etwa zwei Drittel dieser Debatte getrost als Luftdiskussion zur Seite legen können.

Es war einmal ein Dorf ...

Es war einmal ein Dorf, in dem eine Frau namens Jalumba zur Ortsvorsteherin gewählt wurde. Das Dorf war wohlhabend, da es in einem fruchtbaren Tal am Fuße eines Gebirges lag. Eines Tages sagte der Medizinmann, der sich darauf verstand, die Wolken zu deuten, zu Jalumba, dass bald ein großer Regen über das Land ziehen werde. Doch Jalumba schenkte dem Medizinmann keine rechte Aufmerksamkeit, weil sie zu sehr mit den anderen Angelegenheiten des Dorfes beschäftigt war.

Tatsächlich zog am nächsten Morgen Regen auf und wurde im Tagesverlauf immer heftiger. Jalumba rief das Dorf zusammen, sprach den Leuten Mut zu und schlug vor, die Saat auf den Feldern auszubringen, Bewässerungskanäle zu bauen und die Fenster abzudichten. Danach machte sie sich selbst an die Arbeit, am Berghang Kanäle zu bauen, um das Wasser auf den Feldern zu verteilen. Viele Dorfbewohner freuten sich über den Regen und halfen Jalumba. Auch die Menschen aus den Nachbardörfern hörten von Jalumbas Taten und bewunderten sie dafür.

Aber es gab einige im Dorf, die dergleichen noch nie erlebt und Angst vor dem großen Regen hatten. Die Begrenzungen einiger Felder wurden weggespült und der Wind wirbelte einiges auf dem ansonsten so aufgeräumten Dorfplatz durcheinander. Das Wasser aus den Bergen und den höhergelegenen Nachbardörfern ließ den Dorfbach über die Ufer treten, sodass große Pfützen auf dem Dorfplatz entstanden.

Der große Regen blieb für fünf Tage. Die Furchtsamen hockten während des Sturmes in ihren Hütten und palaverten viel. Die Mutigen gingen aus ihren Hütten, genossen die Abkühlung und versuchten, Jalumba zu helfen. Aus den Nachbardörfern erhielt Jalumba jedoch kaum Hilfe, da diese höher am Gebirgshang lagen und nicht von Überschwemmungen betroffen waren. Am Ende blieben einige Bewässerungsgräben unvollendet.

Als der Regen aufhörte und die Furchtsamen die Überschwemmung sahen, warfen sie Jalumba vor, das Stauwerk eingerissen zu haben, welches früher am Oberlauf des Baches vor den Wassermassen des Gebirges schützen sollte. Dabei vergaßen sie, dass das Stauwerk schon vor vielen Jahren von den Menschen im Tal gemeinsam eingerissen worden war, weil es sie gestört hatte. Auch beschuldigten die Furchtsamen Jalumba, durch ihre Durchhalteparolen und Kanalbauten die Götter erzürnt und so das Unheil verschlimmert zu haben. Sie sagten, wegen Jalumba würde der Regen niemals aufhören.

Die mutigen Dorfbewohner schüttelten die Köpfe. Sie wiesen die Furchtsamen darauf hin, dass der große Regen doch nun vorüber sei und die Felder das Wasser gut aufnehmen könnten. Einer der Mutigen erklärte, dass ein weltweiter Klimawandel dafür verantwortlich sei, dass es in den Bergen immer öfter regnete. Dann wandten sie sich von den Furchtsamen ab und schickten sich an, die Felder zu bearbeiten.

Doch die Furchtsamen empörten sich weiter über die Unordnung im Dorf, welche der große Regen gebracht habe. Schließlich beschuldigten sie Jalumba der Hexerei und dass sie durch einen Zauber den großen Regen ausgelöst habe. Die Furchtsamen erzählten ihre Anschuldigungen allen weiter und schrieben sie in die Dorfchronik, auf dass im nächsten

Jahr ein anderer zum Dorfvorsteher gewählt werden würde. Am Ende glaubten selbst die Mutigen, dass Jalumba für den großen Regen verantwortlich gewesen ist …

Danke, Merkel!

Die Kanzlerschaft von Angela Merkel geht nach 16 Jahren zu Ende, und insbesondere ein Satz von ihr wird den Deutschen in Erinnerung bleiben. Dabei hat die Kanzlerin ihn gar nicht als Erste gesagt. Sie wissen bestimmt, wovon die Rede ist, oder? Welches Zitat fällt Ihnen am schnellsten ein, wenn Sie nach einer Aussage der Kanzlerin gefragt werden? Sind Sie überrascht, wenn ich Ihnen sage: »Mutti« war es nicht, die diesen Satz als Erste benutzt hat?

Zuerst hat ihr Vizekanzler Sigmar Gabriel diese berühmte Aussage getätigt, der sich mit Blick auf die Flüchtlingssituation schon am 22. August 2015 sicher war: »Wir schaffen das.« Auch Wolfgang Schäuble benutzte bereits am 30. August 2015 den Satz: »*Ich bin überzeugt: Wir schaffen das.*« Er sagte dies angesichts der »*größten Bewährungsprobe seit der Wiedervereinigung*«. Einen Tag später sprach ihn dann erstmals auch die Bundeskanzlerin aus, bei ihrer Sommerpressekonferenz in Berlin, am 31. August 2015: »Wir schaffen das.« Die Worte erschienen ungewöhnlich für eine bis dahin stets kalkuliert und abwartend agierende Bundeskanzlerin. Mit diesem Satz hat sich Angela Merkel vermutlich in die Geschichtsbücher geschrieben, und wohl kein anderer Ausspruch von ihr wird den Deutschen so sehr in Erinnerung bleiben. Damit verknüpft ist ihre Rolle bei den Ereignissen, die später unter dem Begriff »Flüchtlingskrise« zusammengefasst wurden. Und auch die falschen Zuschreibungen.

Die Kanzlerin sprach ihren Satz mit Blick auf Hunderttausende Flüchtlinge, die sich in jenem Spätsommer, vor allem über Ungarn, auf den Weg nach Deutschland machten. Er war jedoch nicht als Prognose gemeint, sondern als Appell. Wörtlich sagte sie:

»Deutschland ist ein starkes Land. Das Motiv, mit dem wir an diese Dinge herangehen, muss sein: Wir haben so vieles geschafft – wir schaffen das. Wir schaffen das, und dort, wo uns etwas im Wege steht, muss es überwunden werden, muss daran gearbeitet werden. Der Bund wird alles in seiner Macht Stehende tun – zusammen mit den Ländern, zusammen mit den Kommunen –, um genau das durchzusetzen.«[8]

Der Satz wurde zum Synonym für die »Willkommenskultur« in Deutschland. Die öffentliche Stimmung in Deutschland war zu diesem Zeitpunkt von Mitgefühl und Hilfsbereitschaft gegenüber den Flüchtlingen getragen, die nach einer oft mehrmonatigen, entbehrungsreichen Flucht in unserem Land ankamen. An Bahnhöfen in Großstädten wurden den Ankommenden Blumen und Kuscheltiere überreicht, und es wurde viel geklatscht. Hunderttausende Bürgerinnen und Bürger begannen, sich freiwillig und unentgeltlich für die Aufnahme und Integration von Flüchtlingen zu engagieren, einzeln und individuell oder in Vereinen, Initiativen und Kirchen. Die Bundeskanzlerin hat damals mit ihrer Haltung, ihren Worten und Taten wahrscheinlich zu dieser Willkommenskultur beigetragen. So weit, so gut. Angela Merkel wird seitdem aber auch für die Aufnahme Hunderttausender Flüchtlinge verantwortlich gemacht.

Die öffentliche Debatte in den Folgejahren hing oft an Schlagworten und Themen fest, die in den sozialen Netzwerken und der Boulevardpresse gestreut wurden. Seit 2015 werden zum Thema Flüchtlinge in Deutschland die Ankerpunkte des Diskurses von zwei gegensätzlichen Polen gesetzt: Einerseits aus der rechtsradikalen Ecke, welche vor Überfremdung warnt, Verschwörungstheorien in die Welt setzt und als Auslöser für die angebliche Masseneinwanderung von »Kopftuchmädchen und alimentierten Messer-männern«[9] Frau Merkel identifiziert. Das andere Extrem bilden Organisationen wie ProAsyl und Menschen, die die weitere Zuwanderung von Flüchtlingen nach Deutschland bedingungslos gutheißen, eine multikulturelle Gesellschaft fordern, Integrationsprobleme ausblenden und Flüchtlin-ge per se als Menschen ansehen, die gar keine andere Mög-lichkeit hatten, als nach Deutschland zu kommen. Diese Gruppe fordert die Aufnahme von noch mehr Flüchtlingen in Deutschland, um Italien und andere Staaten zu entlasten und schafft es sogar, die Schuld für die menschenunwür-digen Zustände in griechischen Flüchtlingslagern irgendwie bei der deutschen Regierung abzuladen.

Die große Mehrheit der Deutschen definiert sich irgend-wo zwischen diesen beiden Polen. Sie findet an der deut-schen Flüchtlingspolitik nicht alles gut, aber auch nicht alles schlecht. Insgesamt wandelte sich die öffentliche Wahrneh-mung des Themas von einer im Sommer 2015 noch domi-nanten »Willkommenskultur« hin zu mehr Skepsis in den Folgejahren. Das Grundgefühl vieler Deutscher wechselte von »Wir müssen helfen« hin zu »Wir können nicht alleine die Welt retten«. Die Ereignisse der Silvesternacht 2015 in Köln, als es zu zahlreichen sexuellen Übergriffen auf Frauen durch Gruppen junger Männer vornehmlich aus dem nord-afrikanischen und arabischen Raum kam, verengte den Fokus der öffentlichen Debatte zunehmend auf mögliche ne-gative Auswirkungen von Zuwanderung.

Einig schienen sich 2015 alle drei Gruppen – die Rechts-radikalen, die Befürworter von »multikulti« und die große Mitte – darin zu sein, dass Angela Merkel die Einwande-rung der Flüchtlinge ausgelöst, befördert oder gutgeheißen habe. Damit wurde sie für einige zur Hassfigur, für andere zur Ikone.

Ich finde, dass Frau Merkel 2015 so viele
Flüchtlinge ins Land gelassen hat, war ihr
größter politischer Fehler!

In zahlreichen Büchern wurde Angela Merkel ihre Flüchtlingspolitik als folgenschwerer Fehler vorgeworfen.[10, 11] Oft
wurde ihr Handeln als Ausgangspunkt für eine fortschrei-
tende Islamisierung und wachsende Terrorgefahr gegei-
ßelt.[12, 13, 14] Es wurden auch Bücher geschrieben, die regel-
rechte Hasstiraden auf die Kanzlerin sind, in denen sie als
gewissenlose Erfüllungsgehilfin einer Weltverschwörung
dargestellt wird, die wahlweise die »Umvolkung« oder Ver-
nichtung des deutschen Volkes betreibe.

Notorische Kritiker auf politischer Ebene kommen aus
der AFD. Diese behauptete z. B. anlässlich des »*4. Jahres-
tages der eigenmächtigen Grenzöffnung*« am 5. 9. 2019:
»Merkel ließ die deutsche Grenze für die in Ungarn gestrandeten Syrer öffnen und entfesselte einen Migrationssturm,
der heute mit so viel Wucht daherkommt, dass nicht nur den
Griechen und Italienern angst und bange wird.«[15]

An diesem Satz ist nahezu jedes Wort nachweislich
falsch, dazu später mehr. Aber den Vorwurf, die Flüchtlingspolitik von Angela Merkel sei ein gravierender Fehler gewesen, hört man nicht nur von AFD-Anhängern. Auch von vielen Vertretern der CDU/CSU sind seit sechs Jahren wiederholt Äußerungen mit einem kritischen Tenor zu vernehmen.
Von innerparteilichen Kritikern wurde Angela Merkel ihre
Rolle in der »Flüchtlingskrise« mehrfach vorgehalten, sei
es von Friedrich Merz[16], Jens Spahn[17] oder Wolfgang Bosbach[18]. Auch sie schreiben der Kanzlerin die Verantwortung
für eine vermeintliche Grenzöffnung zu.[19] Und der bayeri-
sche Ministerpräsident Horst Seehofer sagte am 11. September 2015:

*»Ich sehe keine Möglichkeit, den Stöpsel
wieder auf die Flasche zu kriegen.«*[20]

Er schrieb die Flüchtlingskrise eindeutig Merkels Politik zu.

*Ich finde, dass Frau Merkel 2015 so viele
Flüchtlinge ins Land gelassen hat, war ihr größter
politischer Verdienst!*

Von weiten Teilen der SPD und Grünen bis hin zu Herrn
Bartsch von den Linken dagegen gab es Zuspruch für die
Flüchtlingspolitik von Angela Merkel, die im Bundestag
sogar indirekt mit Jesus verglichen wurde (!).[21] Auch viele
ehrenamtlich engagierte Bürger in diesem Land danken bis
heute der Bundeskanzlerin für ihre vermeintliche Entscheidung, unser Land für Flüchtlinge zu öffnen. Diese Haltung
fand ebenfalls in Presseartikeln, Fernsehsendungen und Büchern Widerhall. Auf dieser Seite gab es darüber hinaus
Stimmen, die Merkels Flüchtlingspolitik als nicht weitgehend genug kritisierten, noch mehr Solidarität forderten, gesellschaftliche Integration als Kulturimperialismus ansahen
und Abschiebungen per se für unmenschlich hielten.[22]

Von den Unterstützern der Bundeskanzlerin wie auch
von ihren politischen Gegnern, von Befürwortern einer
flüchtlingsfreundlichen Politik wie auch von den Warnern
vor Überfremdung, von Rassisten wie auch von Flüchtlingshelfern – die Verantwortung für den starken Zustrom von
Flüchtlingen in der Mitte des letzten Jahrzehnts wird bis heute
überwiegend Angela Merkel zugeschrieben.[23] Ja sogar Flüchtlinge selbst sind oft der Ansicht, Angela Merkel habe für sie
die Grenzen geöffnet.[24] Ich erinnere mich an ein Gespräch
mit einem aus dem Norden Syriens stammenden Mann, der
Angela Merkel große Bewunderung entgegenbrachte, weil sie

persönlich dafür verantwortlich sei, dass er und seine Familie, wie viele Tausend weitere Flüchtlinge, nach Deutschland kommen durften. Dass ein solches Geschehen nicht auf die Entscheidung einer einzelnen politischen Führungsperson zurückzuführen sein sollte, war für ihn unvorstellbar.

Der damalige Vizekanzler Sigmar Gabriel, der es eigentlich besser wusste, griff diese Zuschreibung auf und erhob den Vorwurf: »Was nicht geht, ist, dass Frau Merkel sich für die Einladung von einer Million Flüchtlinge aus dem arabischen Raum feiern lässt, erklärt ›Wir schaffen das‹ und die CDU sich dann aus der Verantwortung für eine nachhaltige Integration verabschiedet.«[25]

Auch der SPIEGEL folgte dieser bis heute gängigen Einschätzung und schrieb am 19. September 2015:

> *»Schaffen wir das? Merkel sagt Ja, natürlich.*
> *Die Kanzlerin hat vor drei Wochen erklärt, dass*
> *Deutschland ein freundliches Land sei, das*
> *Menschen willkommen heiße, die vor Krieg und*
> *politischer Verfolgung fliehen. (...) Sie machten*
> *in Windeseile die Runde, sie wurden verbreitet*
> *über Facebook und Twitter, per Mail und SMS.*
> *Zehntausende, vielleicht Hunderttausende*
> *machten sich auf den Weg nach Europa.«*[26]

Damit wird suggeriert, die drei Worte von Angela Merkel am 31. August 2015 wären Auslöser der massenhaften Einwanderung von Flüchtlingen gewesen. Selbst einzelne Wissenschaftler wie der britische Migrationsforscher Paul Collier[27] oder der Österreicher Arno Tausch[28] folgerten aus den Worten Merkels, diese hätten in großem Umfang Flüchtlinge zum Aufbruch nach Deutschland motiviert. Hätten sich Collier und Kollegen die tatsächlichen Zahlen und Zeitverläufe der Flüchtlingseinwanderung nach Deutschland angesehen, wäre ihnen dieser Irrtum nicht passiert.

Verstärkt wurde das Bild von Angela Merkel als »Pullfaktor« für Flüchtlinge in öffentlichen Debatten und Talkshows. Von Maischberger über Plasberg bis hin zu Markus Lanz: Das deutsche Fernsehen erschien in den Jahren 2015 bis 2017 wie eine endlose Kette von Sendungen, welche als wichtigstes Thema darauf fokussierten, ob es nun ein Fehler oder eine Großtat der Kanzlerin war, die Flüchtlinge »ins Land zu lassen«. Ob Angela Merkel überhaupt Flüchtlinge ins Land gelassen habe, wurde dabei gar nicht mehr hinterfragt. Und wenn eine Legende oft genug unwidersprochen wiederholt wird, glauben sie am Ende alle. Spätestens seit Donald Trump wissen wir, dass Wiederholungen mächtiger sind als jede Wahrheit, und auch die Deutschen sind vor diesem Mechanismus nicht gefeit.

Wenn Sie ein Beispiel benötigen, nehmen Sie die Körpergröße von Napoleon: Glauben Sie, dass Napoleon eher von kleinem oder großem Körperbau war? Wenn Ihre Antwort »klein« lautet, liegen Sie falsch. Er maß in der damaligen französischen Maßeinheit fünf Fuß, zwei Zoll und drei Linien, was 1,69 Meter entspricht und zu seiner Zeit einer stattlichen Körpergröße entsprach. Die Legende, Napoleon sei klein gewesen, kam dadurch zustande, dass fünf Fuß und zwei Zoll nach dem englischen Maß umgerechnet nur 1,58 Meter wären. Ob es sich um einen Umrechnungsfehler oder um bewusste Propaganda gehandelt hat – jedenfalls hat es dieser Irrtum durch fortwährende Wiederholung bis in die Geschichtsbücher geschafft. Ebenso entstand die Legende, dass Adolf Hitler der Erfinder der Autobahnen sei, oder dass Nero die Stadt Rom angezündet hätte. Und auch der Kanzlerin droht mit Blick auf ihre Rolle in der Flüchtlingspolitik eine historische Fehleinschätzung, weil eine populäre Legende in den Medien ungeprüft in Dauerschleife wiederholt wird.

Angela Merkel selbst hat diesem Bild von ihr durchaus widersprochen. Am 7. Oktober 2015, während eines Fernsehinterviews bei Anne Will, stellte sie fest, sie habe »*die Situation nicht herbeigeführt*« und später: »*Sie können die Grenzen nicht schließen.*«[29] Mit beidem hatte sie recht. Und wir hätten erwarten können, dass sie mit diesen Aussagen ihr Bild in der Öffentlichkeit ausreichend korrigiert hätte und sich die Debatte jetzt wieder wichtigeren Aspekten des Flüchtlingsthemas zuwenden könnte als der »Schuldfrage«, z. B. dem der Integration von Zuwanderern. Aber in den folgenden Monaten und Jahren folgte der Tenor der öffentlichen Berichterstattung weiter dem Bild, die Bundeskanzlerin habe bewusst maßgebliche Entscheidungen zur großzügigen Aufnahme von Flüchtlingen getroffen und die weitere Zuwanderung dadurch angeheizt. Vermutlich war Angela Merkel es auch irgendwann leid, gegen ein lieb gewonnenes öffentliches Klischee anzukämpfen.

Wenn es um Kanzlerin Merkel und die Flüchtlinge ging, haben die Medien nur selten differenziert. Eine positive Ausnahme bildete eine Meldung der TAGESSCHAU, die zumindest klarstellte, dass Angela Merkel 2015 keine deutschen Grenzen für Flüchtlinge geöffnet hat. In einem Online-Artikel vom 5. April 2016 ist zu lesen:

> »*Immer wieder wird gesagt: Die Bundesregierung*
> *hat im Herbst 2015 die Grenzen geöffnet. Das*
> *ist so in dieser Formulierung grundfalsch,*
> *weil es schon seit Jahren keine geschlossenen*
> *Grenzen mehr gibt innerhalb des sogenannten*
> *Schengen-Raums. Es konnten also im Jahr 2015*
> *auch keine Grenzen geöffnet werden.*«[30]

Nur wenige Quellen gehen aber weiter, um die These von Merkel als Pull-Faktor für Flüchtlinge grundsätzlich zu hinterfragen und dafür die zeitlichen Abläufe zu analysieren. Zum einen stellte Herbert Stettberger fest:

*»Vermutlich löste ein ganzes Bündel an
politischen und legislativen Maßnahmen bereits
im Vorfeld massive Pulleffekte aus, die schon
aus logistischen Gründen erst zeitlich versetzt
ihre volle Wirkung entfalten konnten.«*[31]

Und in der ZEIT analysierten Philip Faigle, Karsten Polke-
Majewski und Sascha Venohr in einem bemerkenswerten Beitrag vom 11. Oktober 2016 erstmals, dass aufgrund der sta-
tistisch beobachtbaren Wanderungsbewegungen das Handeln
der Kanzlerin nicht ursächlich für die Flüchtlingskrise gewesen sein kann.[32] Zur Motivation der nach Deutschland gekommenen Flüchtlinge schrieben Faigle und Kollegen:

*»Diese Menschen hatten nicht auf eine
Einladung Merkels gewartet. Sie waren
aus eigenem Entschluss losgezogen.«*

Und zur Rolle der Kanzlerin:

*»Der Merkel-Effekt ist, falls es ihn
überhaupt gab, kaum messbar.«*

Den jüngsten Versuch, die Rolle von Angela Merkel nach-
träglich geradezurücken, unternahm 2020 Gerald Knaus in
seinem Buch »Welche Grenzen brauchen wir?«. Er belegt anhand der Rechtslage und der Abfolge der damaligen
politischen Entscheidungen, dass die Bundesregierung unter
Angela Merkel 2015 keine Grenze geöffnet hat und dass
Zurückweisungen von Flüchtlingen an der Grenze rechtlich und praktisch unmöglich waren.[33] Dadurch wird den
Vorwürfen von Politikern wie Viktor Orbán, Wissenschaft-
lern wie Paul Collier oder Autoren wie Robin Alexander,
dass Angela Merkel den Grenzübertritt der Flüchtlinge im

Herbst 2015 durch das Unterlassen einer Grenzschließung möglich gemacht habe, die Grundlage entzogen.

Aber weder Philip Faigle noch Gerald Knaus schafften es, an dem Urteil zu rütteln, das sich die Medien und der Großteil der deutschen Öffentlichkeit bereits über die deutsche Kanzlerin und ihren, je nach Anschauung, größten Verdienst oder Fehler gebildet hat.

Woher kommt die verbreitete Ansicht, Frau Merkel hätte die Zuwanderung von Flüchtlingen zu verantworten?

Für die Zuschreibung, Angela Merkel habe deutsche Staatsgrenzen für Flüchtlinge geöffnet und dadurch weitere Flüchtlinge nach Deutschland »eingeladen«, sind besonders zwei Momente verantwortlich. Zum einen ihre Erlaubnis vom 5. September 2015, Busse mit Flüchtlingen von der ungarisch-österreichischen Grenze nach Deutschland durchfahren zu lassen und zum anderen ihr Satz »Wir schaffen das« vom 31. August 2015. Ein Selfie, das Angela Merkel am 10. September 2015 in einer Erstaufnahmeeinrichtung mit dem irakischen Flüchtling Shaker Kedida zeigt, verstärkte den Vorwurf, sie lade weitere Flüchtlinge aus der ganzen Welt ein, nach Deutschland zu kommen.

Nur leider stimmt das alles nicht. Es ist Legendenbildung. Und ich wundere mich, wie hartnäckig sich diese Legenden in der öffentlichen Debatte gehalten haben.

Vielmehr dürfte Folgendes der Wahrheit näherkommen:
- Die höchste Zahl von Zuwanderern kam im Oktober und November 2015 nach Deutschland. Diese Menschen hatten sich schon lange *vor* September 2015 auf

den Weg nach Deutschland gemacht. Teilweise saßen sie auf dieser Reise in Griechenland oder der Türkei fest. Sie können nicht erst im September dazu ermuntert worden sein, sich auf den Weg zu machen.

- Die Menschen, die am 5. September 2015 in Bussen über die österreichisch-deutsche Grenze fahren durften, hätten es auch ohne Angela Merkel früher oder später über diese Grenze geschafft (nur eben zu Fuß).
- Kein Politiker der damaligen Bundesregierung hätte eine andere Alternative gehabt, als diese Flüchtlinge einreisen zu lassen.
- Der Hauptgrund für Flüchtlinge, nach Deutschland zu kommen, waren die guten Lebensbedingungen, Zukunftschancen und Bleibeperspektiven für Flüchtlinge in Deutschland, nicht die deutsche Kanzlerin.
- Angela Merkel wurde als Personifizierung eines »flüchtlingsfreundlichen Deutschlands« bewusst inszeniert.

Vielleicht fragen Sie sich, wie ich zu solch steilen Thesen komme? Zunächst einmal reicht ein Blick in die öffentlich zugänglichen Statistiken. Die Zugangszahlen für Geflüchtete nach Deutschland werden im EASY-System erfasst. Dieses ist eine IT-Anwendung der Behörden zur Erstverteilung der Asylsuchenden auf die Bundesländer. Eingaben in das EASY-System werden von der Bundespolizei, der Länderpolizei oder anderen Behörden vorgenommen, wenn ihnen jemand in Deutschland in die Arme läuft und um Asyl bittet, wie im Herbst 2015 hunderttausendfach geschehen. Dies ist die erste Erfassung von Asylsuchenden, nachdem sie deutschen Boden betreten haben, und geschieht in der Regel innerhalb der ersten Tage nach Grenzübertritt. Da einige dieser so erfassten Flüchtlinge anschließend nach Skandinavien oder in andere Länder weitergereist sind, sind die EASY-Ankunftszahlen etwas höher als die Zahl der anschließend in Deutschland verbliebenen Flüchtlinge. Daneben gab es sicherlich auch fehlende oder verspätete Registrierungen einzelner Personen im EASY-System sowie Doppelerfassungen. Im Großen und Ganzen können wir aber davon ausgehen, dass die EASY-Zahlen den tatsächlichen Grenzübertritt von Flüchtlingen nach Deutschland relativ gut abbilden.

Abb. 1: EASY-Zugänge

Eigene Darstellung. Quelle: BAMF-Mitteilung auf Anfrage

Wenn wir uns den zeitlichen Verlauf der Zugangszahlen in diesem EASY-System anschauen (Abb.1), stellen wir Folgendes fest: Von Mai bis September 2015 waren die Zugangszahlen von 37.194 Personen auf 163.772 Personen pro Monat gestiegen. Das entspricht einer Steigerung von durchschnittlich 31.600 Menschen pro Monat, ohne dass die Bundeskanzlerin im Sommer 2015 durch besonders flüchtlingsfreundliche Taten oder Worte aufgefallen wäre. Im Gegenteil: Angela Merkel hielt sich in diesen Monaten auffallend zurück und vermied es, auch nur ein Flüchtlingsheim zu besuchen. Ihr wurde, nach der Übertragung eines öffentlichen Bürgerdialogs am 15. Juli 2015 in Rostock, sogar Kaltherzigkeit gegenüber Flüchtlingen bescheinigt[34]: Im Gespräch mit der Kanzlerin schilderte dort Reem Sahwil, eine 14-jährige Tochter palästinensischer Zuwanderer, dass der Familie die Beendigung des Aufenthalts in Deutschland drohe, was den Traum des Mädchens gefährde, in Deutschland studieren zu können. Nachdem Merkel gegenüber Reem ihr Verständnis äußert, stellt sie aber auch klar: »*Wenn wir jetzt sagen: Ihr könnt alle kommen (...) das können wir auch nicht schaffen. Da sind wir jetzt in diesem Zwiespalt*«. Bei dieser Gelegenheit, wie auch bei ihren weiteren Auftritten in der Öffentlichkeit, vermied Angela Merkel es konsequent, Signale auszusenden, welche Menschen zur Flucht nach Deutschland animieren könnten. Und dennoch stieg die Einwanderung von Flüchtlingen in diesem Zeitraum besonders stark an. Das ist doch merkwürdig, oder?

Im August 2015 spitzte sich die Situation dadurch zu, dass der Zustrom von Flüchtlingen über die »Balkanroute« in Ungarn ins Stocken geriet. Dies lässt sich sogar an der Kurve der EASY-Zugangszahlen beobachten, die im August 2015 ein kleines bisschen einknickt. Ende August konnten dann Sonderzüge von Budapest nach Wien und München fahren, um die Situation zu entlasten, aber am 4. September 2015 saßen wieder viele Flüchtlinge am Budapester Keleti-Bahnhof fest. Die Menschen dort warteten auf die Möglichkeit, per Bahn nach Deutschland oder in andere EU-Staaten weiterreisen zu können und campierten auf dem Bahnhof. Dieser Zustand war bewusst herbeigeführt und dem politischen Kalkül des ungarischen Premierministers Viktor Orbán geschuldet.

Die Situation der Flüchtlinge in Budapest war auch dadurch angespannt, dass die ungarische Polizei sporadisch einzelne von ihnen festnahm. Am 4. September machten sich dann die ersten Flüchtlingsgruppen aus Budapest zu Fuß auf den Weg, um auf den Autobahnen in Richtung Deutschland zu marschieren. Unter diesen Eindrücken führte Angela Merkel am 4. September Telefonate mit Österreichs damaligem Kanzler Werner Faymann sowie abends mit ihrem Außenminister Frank-Walter Steinmeier, ihrem erkrankten Innenminister Thomas de Maizière und dem SPD-Vorsitzenden und Vizekanzler Sigmar Gabriel. Mit Horst Seehofer konnte sie an diesem Abend nicht telefonieren, weil dieser offenbar beleidigt und für die Kanzlerin nicht zu sprechen war.[35] Der Grund war, dass Merkel einem Festakt zum einhundertsten Geburtstag von Franz-Josef Strauß in der Münchener Hofkirche an diesem Tag ferngeblieben war. Vielleicht war Seehofer in dieser Situation aber auch froh, keine Verantwortung tragen zu müssen, sondern diese anderen zu überlassen.

In der Nacht zum 5. September hat Frau Merkel doch die Grenzen geöffnet und die Flüchtlingswelle ausgelöst. Oder etwa nicht?

In der Nacht zum 5. September entschied Frau Merkel gemeinsam mit dem österreichischen Kanzler Faymann, einige Tausend Flüchtlinge, die sich in Ungarn bereits in Marsch gesetzt hatten oder von der ungarischen Regierung an die österreichische Grenze gebracht worden waren, mit Bussen und Zügen an der Grenze abzuholen und nach Deutschland einreisen zu lassen. Die Zahlen für die Größe dieser Menschengruppe schwankt je nach Quelle zwischen 5.000 und 12.000 Personen. Wiederholt wurde der Bundeskanzlerin vorgeworfen, mit dieser Entscheidung in der Nacht zum 5. September gleichsam »die Schleusen geöffnet« und die Flüchtlingswelle ausgelöst zu haben. Die Entscheidung Merkels, der humanitären Krise in Budapest durch die geordnete Einreise von Flüchtlingen in Bussen zu begegnen, interpretierten die Medien rückblickend als »Grenzöffnung« und als Signal für weitere Flüchtlinge, sich auf den Weg nach

Deutschland zu machen. Tatsächlich bewirkte es weder das eine noch das andere.

Stattdessen sind, wie wir anhand der EASY-Zahlen sehen können, schon in den Monaten zuvor die Zugangszahlen von Flüchtlingen in Deutschland dramatisch gestiegen. Und die geschätzt ca. 10.000 Flüchtlinge, die am 5. September in Bussen zunächst über die ungarisch-österreichische und später über die österreichisch-deutsche Grenze gefahren sind, waren schon lange *vor* dem 5. September unterwegs nach Deutschland. Die meisten von ihnen dürften schon im Juni und Juli zu ihrer Flucht aufgebrochen sein. Diese Menschen wären auch ohne diese Busse nach Deutschland gekommen, nur eben ein paar Tage später und zu Fuß. Keine Polizei und kein Grenzzaun hätte sie in so kurzer Frist aufgehalten.

Und was im Anschluss an diese Ereignisse auch in Vergessenheit geriet: Schon einige Tage vor dem 5. September, nämlich am 31. August und 1. September, fuhren bereits Tausende Flüchtlinge in Sonderzügen von Budapest nach München und Berlin.[36] Und dies, ohne dass man Angela Merkel vorgeworfen hätte, »die Schleusen zu öffnen«. Das Ereignis am 5. September war also gar nicht singulär.

Auch wenn die Flüchtlinge am 4. September schon zu Fuß unterwegs nach Deutschland waren, hätte man sie ja dennoch nicht einreisen lassen müssen!

Ich unternehme jedes Jahr mit meinen Doppelkopf-Freunden eine Hüttenwanderung in den Alpen, so auch in diesem Jahr. Auf der 4-Tagestour durchs Kleinwalsertal haben wir zweimal die Grenze zwischen Österreich und Deutschland überschritten, ohne dass mir eine Grenzanlage aufgefallen wäre. Hier gibt es, wie überall im Schengen-Raum, eine »grüne Grenze«: kein Grenzzaun weit und breit, auch keine Schranke oder Kontrollposten an den Straßen und Autobahnen. Diese völlig barrierefreie Grenze zwischen beiden Staaten hat eine Länge von 817 Kilometern. Einen so langen Grenzverlauf gegen mehrere Hunderttausend Menschen zu sichern, die den festen Vorsatz haben, nach Deutschland zu gelangen, um hier Asyl zu beantragen (und diese Möglichkeit ist ihnen durch das deutsche Grundgesetz zugesichert), ist fast unmöglich – erst recht damals, in der Kürze der Zeit. Selbst wenn man (gegen EU-Recht) die Straßen durch Polizei und Bundespolizei blockiert und die Flüchtlinge zurückgewiesen hätte, so hätten die meisten dieser Menschen vermutlich einen anderen Weg durch Felder, Wiesen und Wälder gefunden, oder über andere Länder. »*Kein Flüchtling hätte eine einfache Zurückweisung akzeptiert und sich wieder auf den Rückweg nach Syrien oder Afghanistan gemacht. Sie hätten versucht, an der Grenze durchzubrechen und/oder auf die grüne Grenze auszuweichen*«[37], wie der damalige Innenminister Thomas de Maizière richtigerweise feststellte.

An einer anderen Binnengrenze im Schengen-Raum ließ sich kurz nach dem Herbst 2015 beobachten, was aus dem Versuch, Zurückweisungen (»Pushbacks«) vorzunehmen, werden kann: Nachdem Italien und Frankreich ab Ende 2015 einen Vertrag über die »formlose Rücknahme aufgegriffener Migranten« mittels Grenzkontrollen umsetzten, ging die Zahl der Asylsuchenden in Frankreich nicht etwa zurück, sondern verdoppelte sich fast bis 2019.[38] Der Grund war, dass in dem Moment, in dem ein aufgegriffener Flüchtling gegenüber der französischen Polizei den Wunsch nach Asyl äußert, dieser Anspruch auf eine Prüfung seines Anliegens in Frankreich hat und nicht mehr einfach zurückgeschoben werden darf.

Abgesehen davon, dass der deutsche Innenminister und die Bundeskanzlerin 2015 eine spontane Grenzschließung und Zurückweisung von Flüchtlingen für praktisch nicht ausführbar erkannten, wäre eine solche Option auch politisch nicht durchsetzbar gewesen, wie Gerald Knaus argumentiert.[39] Quer durch die vier Fraktionen im Bundestag, wie auch unter allen Ministerpräsidenten der Länder, bestand damals Einigkeit, dass den Flüchtlingen geholfen werden müsse.

Darüber hinaus war und ist es juristisch höchst umstritten, ob ein Staat des Schengen-Raums überhaupt seine Grenzen zu anderen Schengen-Staaten abriegeln darf. Ebenso umstritten ist es, ob man asylsuchende Menschen an der Grenze ohne Prüfung zurückweisen dürfte, selbst wenn sie aus einem Staat kommen, der dem Dublin-Abkommen angehört. Außerdem hätte Österreich einem Grenzregime zu seinen Lasten höchstwahrscheinlich nicht zugestimmt.[40] Die Flüchtlingshochkommissarin des UNHCR hat dazu eine klare Meinung: »Pushbacks sind schlicht und einfach illegal.«[41] Die Behörden müssten immer eine individuelle Prüfung des Schutzbedarfs vornehmen, da Asyl ein grundlegendes Menschenrecht sei.

Das BAMF hat im August 2015 verfügt, dass laut Dublin-Verfahren für syrische Staatsangehörige nicht mehr weiterverfolgt werden. Warum hat man die Möglichkeit aus der Hand gegeben, diese Flüchtlinge nach Ungarn oder Griechenland zurückzuführen?

Die Zuständigkeit für Schutzsuchende (z. B. Flüchtlinge oder Asylsuchende) innerhalb der EU ist in der Verordnung (EU) Nr. 604/2013 geregelt. Im Volksmund heißt diese Regelung »Dublin III« und ersetzt die »Dublin II-Verordnung« von 2003 sowie das »Dublin-Übereinkommen« von 1997. Ihr Geltungsbereich umfasst die gesamte EU außer Rumänien, Bulgarien, Zypern, Irland und Kroatien sowie außerdem Norwegen, Island und die Schweiz. Die Dublin-Verordnungen regeln, welches Land für die Durchführung eines Asylverfahrens zuständig ist. Reist eine asylsuchende Person in einen Vertragsstaat des Dubliner Abkommens ein, so ist derjenige Staat zuständig, in den die Person nachweislich zuerst eingereist ist, es sei denn, sie hält sich bereits über sechs Monate in einem anderen Vertragsstaat auf. Darüber hinaus hat jeder Vertragsstaat das Recht, selbst einen Asylantrag zu prüfen, auch wenn er eigentlich nicht zuständig wäre (»Selbsteintretungsrecht«). Die Dublin-Regeln wurden ursprünglich eingeführt, um zu verhindern, dass ein Flüchtling oder Asylbewerber mehr als ein Verfahren im Hoheitsgebiet der Mitgliedstaaten betreiben kann. In der Realität ist dieses System völlig dysfunktional und spielt für die tatsächliche Verteilung von Flüchtlingen in Europa keine wesentliche Rolle, aber dazu später mehr.

Die Flüchtlinge, die im Herbst 2015 nach Deutschland kamen, sind überwiegend über die »Balkanroute« gekommen und haben in Griechenland, spätestens in Ungarn erstmals das Dublin-III-Territorium betreten. Trotz des Dublin-Systems durfte Deutschland 2015 und 2016 aber schon aufgrund der aktuellen Rechtslage keinen einzigen Flüchtling nach Griechenland oder Ungarn zurückführen. Die Entscheidung des BAMF (Bundesamt für Migration und Flüchtlinge), das Dublin-Verfahren für Syrer vorübergehend außer Kraft zu setzen, hat deshalb keine einzige Rückführung verhindert. Es war von den deutschen Behörden folgerichtig, auf ein solch sinnloses und rechtswidriges Unterfangen zu verzichten und Asylverfahren in Deutschland damit zu beschleunigen. Sowohl der Europäische Gerichtshof für Menschenrechte als auch der Europäische Gerichtshof (EUGh) untersagte ab 2011 Rücküberstellungen nach Griechenland wegen unzumutbarer Asylverfahren und prekärer Lebensbedingungen. Nach Urteilen verschiedener deutscher Gerichte waren ab Januar 2015 Rückführungen auch nach Ungarn nicht mehr möglich. Es gab 2015 und 2016 aus der gesamten EU keine Rückführungen nach Ungarn oder Griechenland. Und die ungarische Regierung selbst stieg am 23. Juni 2015 auch formal aus der Rücknahmeverpflichtung für Dublin-Fälle aus, womit sich das Thema vollständig erledigt hatte.[42] Die Entscheidung des BAMF hat deshalb an der Praxis von Rückführungen nichts verändert, hatte aber vermutlich eine gewisse Signalwirkung für einige Flüchtlinge.

Konnte Deutschland die Grenzen wirklich nicht schließen? Im Februar 2021 konnte Deutschland doch wegen der Coronapandemie auch seine Grenzen nach Tschechien und Tirol zumachen. Warum war das in der Flüchtlingskrise angeblich nicht möglich?

Als in der Nacht zum 15. Februar 2021 die deutschen Grenzübergänge zu Tschechien und dem österreichischen Bundesland Tirol aufgrund neuer Corona-Mutationen und hoher Fallzahlen »geschlossen« wurden, durften auf den Straßen und Autobahnen fortan nur noch Menschen die Grenze passieren, die in einem systemrelevanten Beruf arbeiteten oder wichtige Waren transportierten. Von ca. 10.000 kontrollierten Personen durften ca. 5.000 einreisen.[43] Es war keine echte »Schließung« einer Grenze, die Maßnahmen richteten sich nur an Pendler in nicht systemrelevanten Berufen oder Reisende bzw. Urlauber und es betraf nur den Straßenverkehr. Wenn ein Berufspendler am 15. Februar durch diese Maßnahme nicht zu seiner Arbeitsstätte fahren konnte, entschuldigte dieser sich telefonisch bei seinem Arbeitgeber und machte sich ansonsten einen schönen Tag zu Hause auf der Couch. Er hatte nicht seine Ersparnisse aufgebraucht, um diese Grenze zu passieren und hatte im Vorfeld auch nicht schon mehrere Tausend Kilometer mit diesem Ziel zurückgelegt. Zudem konnte dieser Pendler zurück in ein warmes Zuhause, denn er kam nicht aus einem Bürgerkriegsland. Er hätte die Grenzkontrollen auch umgehen können, in dem er neben der Straße über die Felder marschiert wäre und sich auf der anderen Seite ein Taxi genommen hätte. (Meine Doppelkopf-Wanderbuben und ich hätten es auch zu Fuß von Deutschland nach Tirol geschafft.) Aber das machte niemand, weil das eigene Leben nicht vom Erreichen der anderen Seite an diesem Tag abhing. Interessanterweise kam es außerdem nur am ersten Tag zu längeren Lkw-Staus vor den Grenzen, diese hatten sich schon am zweiten Tag aufgelöst. Der Grund dafür war, dass die Lkws einfach eine andere Route nach Deutschland wählten. In Italien schon fuhren Lkws mit Ziel Deutschland nicht mehr über Innsbruck, sondern über Salzburg nach Bayern, und mancher Lkw aus Südosteuropa fuhr statt über Tschechien einfach via Polen oder Österreich nach Deutschland. Dass die EU kräftig gegen die Maßnahmen an den deutschen Grenzen als Verstoß gegen den Schengen-Vertrag protestierte, soll der Vollständigkeit halber nicht unerwähnt bleiben.

Diese Episode zeigt, dass es unter Mühen möglich ist, eine Binnengrenze des Schengen-Raums an den Straßen vorübergehend und teilweise für Kraftfahrzeuge zu »schließen«. Stünden auf der Straße aber statt Berufspendlern und Lkws Tausende Flüchtlinge, zum Teil mit Kindern, die den festen Vorsatz haben, zu Fuß nach Deutschland zu gelangen, wäre eine solche Maßnahme reine Makulatur gewesen. Sie wären auf die grüne Grenze oder andere deutsche Außengrenzen ausgewichen oder hätten die Polizeisperren einfach durchbrochen. Man kann den Verkehr an einer deutschen Außengrenze vorübergehend kanalisieren und an Grenzübergängen kontrollieren, eine echte Schließung der Grenze ist jedoch weder faktisch noch rechtlich möglich.

*Ungarn hat doch einen Zaun gebaut, um die
Flüchtlinge zu stoppen. Hätte Deutschland das
nicht auch tun können?*

Tatsächlich hat Ungarn Grenzzäune an der Grenze zu Serbien sowie später an der Grenze zu Kroatien bzw. Rumänien gebaut. Diese waren jedoch EU-Außengrenzen oder Außengrenzen des Schengen-Raums. Die Abschottung dieser Grenzen widersprach nicht dem EU-Recht oder dem Schengen-Abkommen. Der Bau einer festen Grenzanlage zwischen Deutschland und Österreich hingegen schon.

*Die Zuwanderung der Flüchtlinge aus Ungarn
Anfang September konnte Frau Merkel vielleicht
nicht stoppen. Aber sie hat doch mit ihrer Politik
den weiteren Zustrom von Flüchtlingen erst in
Gang gebracht!*

Wenn wir neben dem Geschehen auf österreichischen Autobahnen die gesamte Balkanroute in den Blick nehmen, wird klar, dass auch hier Merkels Handeln wenig Auswirkungen hatte. Nach der Entscheidung der Bundesregierung vom 5. September, Busse aus Österreich nach Deutschland fahren zu lassen, stiegen die EASY-Zugangszahlen, wie schon in den Vormonaten, zunächst weiter an. Im Oktober 2015 verzeichnete das EASY-System 181.166 Personen, im November den Höchststand von 206.101 Personen. Die durchschnittliche Steigerung betrug in diesem Zeitraum nur noch 21.100 Personen pro Monat. Nach November 2015 fielen die Zugangszahlen im EASY-System deutschlandweit dramatisch ab.

Haben Sie sich die Zahl von vorhin gemerkt? Von Mai

bis September 2015 war die durchschnittliche Steigerung der Einwanderung von Flüchtlingen nach Deutschland höher, nämlich noch 31.600 Menschen pro Monat.

Im Herbst 2015 war ich verantwortlich für die Leitung einer Notunterkunft für Flüchtlinge im niedersächsischen Visselhövede. Durch viele Gespräche mit den Bewohnern unseres Camps erfuhr ich, dass die meisten der Flüchtlinge dort ca. zwei bis fünf Monate auf der Reise nach Deutschland unterwegs gewesen waren. Flüchtlinge aus Afghanistan, Somalia oder Eritrea benötigten für diesen Trip dabei meist deutlich länger als Flüchtlinge aus Syrien oder dem Irak. Der kürzeste Weg, von dem ich erfuhr, dauerte drei Wochen, einige waren aber auch länger als neun Monate unterwegs gewesen, Aufenthalte in der Türkei oder in griechischen Flüchtlingslagern mit eingerechnet. Die Flucht fand meist in Etappen statt. Erste Stationen waren oft der Iran oder die Türkei, wo man auf der Straße, in Flüchtlingslagern oder bei Verwandten unterkommen konnte. Bis man schließlich an der türkischen Ägäis-Küste stand, um mit Hilfe eines Schleppers nach Griechenland überzusetzen, vergingen in den meisten Fällen, die ich kenne, mehrere Monate. Die letzte Etappe, von Griechenland über die Balkanroute nach Deutschland, vollzog sich dann meist binnen ein bis drei Wochen.

Heißt das, die Flüchtlinge, die im Oktober und November 2015 in Deutschland ankamen, waren Anfang September schon unterwegs?

So ist es. Zumindest hatten sie längst ihre Heimat verlassen, manchmal mit dem etwas vagen Ziel »Europa«, oft mit dem konkreten Ziel »Deutschland«. Die These, die meisten Flüchtlinge wären erst durch Aussagen von Frau Merkel am

31. August – oder die Entscheidungen der Bundesregierung vom 5. September – oder das Selfie vom 10. September – zur Flucht nach Deutschland angeregt worden, ist schon durch die Analyse der EASY-Zugangszahlen nicht mehr haltbar. Der Großteil der Flüchtlinge hatte sich schon lange vorher auf den Weg gemacht.

Untermauert wird diese Beobachtung davon, dass das deutsche Innenministerium wie auch die europäische Grenzschutzorganisation FRONTEX bereits im Sommer 2015 vor einer massenhaften Fluchtbewegung nach Europa, speziell nach Deutschland warnten.[44] Dort wurde nämlich registriert, dass viele Syrer die Grenzen zur Türkei überquerten und viele Afghanen sich über den Iran nach Europa aufmachten. Und dort war auch bekannt, dass die meisten Flüchtlinge nach Europa letzten Endes in Deutschland landen würden. Schließlich war Deutschland bereits lange vor September 2015 das mit Abstand beliebteste Ziel von Flüchtlingen aus dem Nahen Osten, da das Land einen guten Ruf hatte, als wohlhabend und rechtsstaatlich galt und viele Menschen mit Migrationshintergrund hier lebten. Und das Innenministerium hatte recht: Im September, Oktober und November kamen eben diese Flüchtlinge dann auch tatsächlich in Deutschland an. Aber das hatte wenig mit Angela Merkel zu tun.

Moment mal! Wenn Frau Merkel die Flüchtlinge nicht animiert hat, nach Deutschland zu kommen, wieso hielten dann so viele von ihnen Plakate mit dem Gesicht von Angela Merkel in den Händen? Waren diese Bilder etwa gefaked?

Ein weiterer Grund, warum der Zustrom von Flüchtlingen im Herbst 2015 oft mit Angela Merkel in Verbindung gebracht wird, ist, dass in der Presse und im Fernsehen oft

Fotos von Flüchtlingen gezeigt wurden, die Bilder der Kanzlerin hochhielten. Dadurch wurde der Eindruck erweckt, dies sei ein typisches Bild für Flüchtlinge in jenen Tagen gewesen.

Wir können aber davon ausgehen, dass diese Fotos von Journalisten bewusst ausgesucht wurden. Ein solches Motiv entsprach nämlich wunderbar dem Bild der neuerdings angeblich flüchtlingsfreundlichen Kanzlerin. Und dieses Motiv war ein wichtiger Grundstein der Legende, die anschließend darum herumgestrickt wurde.

Natürlich setzten einige Flüchtlinge auch Hoffnungen auf Frau Merkel persönlich und brachten ihr später große Dankbarkeit entgegen. Viele Menschen, mit denen ich im Visselhöveder Flüchtlingscamp sprechen konnte, drückten nicht nur uns als Mitarbeitern, sondern auch Angela Merkel ihren tief empfundenen Dank aus. Denn in ihrer Wahrnehmung war sie die wesentliche Verantwortliche dafür, dass sie nach Deutschland einreisen durften. Sie unterlagen dabei dem gleichen Irrtum wie große Teile der deutschen Öffentlichkeit und der Medien.

Von den damals eingereisten Flüchtlingen konnte man auch nicht verlangen, dass sie vertiefte Kenntnisse über das deutsche Zuwanderungsrecht und Zuwanderungsstatistiken hätten. Wenn ich unsere Camp-Bewohner fragte, woher sie ihre Informationen über Deutschland hätten, antworteten sie: aus dem Internet, von Schleppern, von Al-Dschasira oder von Verwandten, die bereits in Deutschland angekommen waren. Und in all diesen Quellen wurde Angela Merkel als die Verantwortliche für eine angebliche »Grenzöffnung« für Flüchtlinge genannt, obwohl sie es gar nicht war.

Ironischerweise führt die Gleichsetzung von Angela Merkel mit einer flüchtlingsfreundlichen Politik sogar dazu, dass einige inzwischen anerkannte Flüchtlinge heute Angst vor dem Ende der Amtszeit von Frau Merkel haben. Eine Syrerin, mit der ich am Rande einer Lesung im Jahr 2019 sprechen konnte, sagte mir, sie fürchte sich vor der Zukunft. Auf Nachfrage erläuterte sie ihre Sorge, dass mit einem anderen Bundeskanzler die Entwicklung vielleicht zurückgedreht werden könnte und sie mit ihrer Familie das Land wieder verlassen müsse.

Aber noch einmal zurück zu den Merkel-Plakaten im Flüchtlingstreck, denn hier gibt es eine weitere interessante Beobachtung: Schon vor September 2015, also vor der »Grenzöffnung«, gab es diese Bilder von Flüchtlingen mit Merkels Foto in den Händen. Auch in den sozialen Medien gab es bereits vor dem 31. August 2015 Foren arabischer Flüchtlinge, auf denen Angela Merkel persönlich für die Aufnahme von Flüchtlingen gedankt wurde.[45] »Mama Merkel, Mutter der Ausgestoßenen«, wurde die Kanzlerin auf einer Facebook-Seite liebevoll genannt, noch bevor sie irgendeine politische Entscheidung zur Aufnahme von Flüchtlingen getroffen hatte (und bevor sich der Spitzname »Mutti« bei den Deutschen etabliert hatte). »Was sie [Merkel, Anm. des Autors] für uns Flüchtlinge getan hat, ist wirklich unglaublich«, äußerte sich auf dieser Fanseite ein weiblicher Flüchtling aus Hannover.

Sofern die Administratoren dieser Facebook-Seite keine Hellseher waren, personifizierte Angela Merkel für sie also ihre Hoffnungen, ohne dass die Kanzlerin tatsächlich durch »flüchtlingsfreundliche« Taten oder Worte aufgefallen wäre. Die Legendenbildung über eine angebliche Einladung Deutschlands in arabischen Medien und die Gerüchte von Freunden und Bekannten waren dafür schon völlig ausreichend.

Des Weiteren können wir kritisch hinterfragen, wie viele Flüchtlinge denn tatsächlich ein Merkel-Bild hochgehalten haben. Nach der Anzahl der in den Medien verbreiteten Fotos zu schätzen, ein beträchtlicher Anteil. Tatsächlich jedoch waren es nur sehr wenige und kein einziger der bei uns in Visselhövede angekommenen. Diese Verzerrung liegt einfach daran, dass es für Pressefotografen attraktiver ist, einen Flüchtling *mit* Merkel-Bild zu fotografieren als einen *ohne* ein solches Bild. So wird der eine Flüchtling mit Merkel-Bild, unter tausend anderen, zum Synonym und Statthalter für alle anderen Flüchtlinge, nach dem Motto: »*Wir sind alle nur wegen Frau Merkel gekommen.*« Dieser Eindruck ist jedoch Unsinn, die tatsächlichen Einwanderungsgründe für die meisten Flüchtlinge müssen andere gewesen sein.

Eine ähnliche Verzerrung gab es übrigens auch mit Blick auf die Altersstruktur der Flüchtlinge. Während 2015 die meisten Flüchtlinge junge Männer waren, zeigten Fernsehbilder wie auch Zeitungen zumeist Kinder oder Familien, wie z. B. die ARD auch einräumte.[46]

Auch wenn es nur wenige waren – warum haben
Flüchtlinge überhaupt Merkel-Bilder hochgehalten?

Die Antwort darauf, warum überhaupt Merkel-Bilder hochgehalten wurden, gibt ein Blick auf die kulturelle Prägung vieler Flüchtlinge. Es gehört zur arabischen, wie auch zur persischen Kultur, dass Politik und politische Entscheidungen viel personenzentrierter ablaufen als in Deutschland und bestehende Gesetze demgegenüber nur geringe Bedeutung haben. Während hierzulande Gewaltenteilung herrscht, Kommunen, Bundesländer, der Bundestag und nicht zuletzt die verschiedenen Parteien eine wichtige Rolle in der Politik spielen, sind es in den vorderasiatischen Ländern oft einzelne Personen, die Macht ausüben, die Gesetze übergehen können und denen Entscheidungen zugeschrieben werden. So etwas wie »Checks and Balances« gibt es für einen Baschar al-Assad eben nicht, und so war es für viele Flüchtlinge naheliegend, sich mit ihrem

Anliegen bzw. ihrer Dankbarkeit medial direkt an die Kanzlerin ihres Ziellandes Deutschland zu wenden. Etwa dadurch, dass man ein Foto von ihr in die Kameras hält.

Zusätzlich befeuert wurde diese Personifizierung der deutschen Flüchtlingspolitik durch Schlepper und die arabischen Medien. Während meiner Arbeit in der Visselhöveder Notunterkunft zeigte mir ein Flüchtling auf seinem Handy eine Meldung von Al-Dschasira und übersetzte sie mit: »*Merkel hält 500.000 Jobs für Flüchtlinge bereit*«, darüber war ein Bild der Bundeskanzlerin. Ich war einigermaßen schockiert. Auch berichteten mir verschiedene Bewohner unseres Camps, dass die Schlepper, welche ihnen mehrere Tausend Euro pro Person abgeknöpft hatten, im Gegenzug offenbar das Blaue vom Himmel versprochen hatten: Jeder Flüchtling bekomme in Deutschland ein Haus und ein Auto (»von Frau Merkel«), jeder Flüchtling bekomme ein »Gehalt«, und jedes in Deutschland geborene Flüchtlingskind bewahre die gesamte Familie dauerhaft vor Abschiebung. Letztere Falschmeldung erklärte mir übrigens im Nachhinein, warum die häufigste Nachfrage in der Medizinstation unseres Camps nicht etwa Kopfschmerztabletten, sondern der Wunsch nach Schwangerschaftstest war. (sic!)

Angela Merkel wurde die Hauptverantwortung für die Zuwanderung von Flüchtlingen 2015/16 zugeschrieben, von verschiedenen Interessengruppen, aus verschiedenen Motiven oder aus Unkenntnis. Tatsächlich trägt sie dafür jedoch kaum Verantwortung und hat auch keine Grenze geöffnet, wie sie selbst im September 2015 in der Talkshow mit Anne Will klargestellt hat.

Aber Robin Alexander hat doch in seinem Buch die Verantwortung von Frau Merkel für die Grenzöffnung minutiös nachgezeichnet!?

Robin Alexander, stellvertretender Chefredakteur der WELT, unternimmt in seinem Buch »Die Getriebenen« den Versuch, die Verantwortung der Kanzlerin für die Grenzöffnung zu beschreiben. Das Buch enthält eine mit vielen Details und Insiderinformationen gespickte Dokumentation der Geschehnisse im politischen Berlin im Herbst 2015. Aber es lässt auch eine politische Intention erkennen, nämlich die, das Verhalten von Angela Merkel als gedankenlos, fehlerhaft und folgenschwer darzustellen. Dieser Intention wird alles andere untergeordnet. Die »Warner« in Person von Horst Seehofer und den Chefs der Sicherheitsdienste werden in dem Buch als die aufrechten Kämpfer für eine bessere Alternative zu Frau Merkels Flüchtlingspolitik dargestellt. Dabei gab es in jenen Wochen gar keine realistische Alternative.

Und das Buch unterliegt leider konsequent den gleichen Fehleinschätzungen wie die Mehrheit der Bevölkerung und der Medien: Nämlich, dass es sich am 5. September um eine »Grenzöffnung« gehandelt hätte und dass Angela Merkels Entscheidungen massenhaft weitere Flüchtlinge motiviert hätten, nach Deutschland zu kommen. Diese beiden Prämissen sind nachweislich falsch. In Wahrheit waren die deutschen Grenzen im Herbst 2015 schon seit mehr als 20 Jahren offen und hätten sich über Nacht auch nicht wieder schließen lassen. Und hätte Angela Merkels Handeln tatsächlich einen größeren Sogeffekt auf Flüchtlinge gehabt, wären die Flüchtlingszahlen im Dezember 2015 und Januar 2016 gestiegen und nicht gesunken (siehe Abb.1). Herr Alexander verwendet in seinem Buch durchgehend und missbräuchlich den Begriff »Grenzöffnung« und führt seine Leserinnen und Leser damit komplett in die Irre. Fast die gesamte Argumentation des Werks fußt auf diesem Vorwurf und ist darauf ausgerichtet, das Handeln der Kanzlerin als großen Fehler darzustellen. Leider entwertet dieser Grundirrtum auch die meisten seiner Schlussfolgerungen, z. B. die, dass die Bundeskanzlerin auf Druck von Victor Orbán unüberlegte Entscheidungen von enormer Tragweite getroffen hätte. An einer Stelle versteigt sich Alexander sogar zu dem Satz:

>*Tatsächlich wird Merkel an diesem Tag (dem*
4. September 2015, Anm. des Autors) eine
Richtungsentscheidung für die Bundesrepublik
treffen, die vielleicht sogar mit Konrad Adenauers
Westbindung, der Ostpolitik Willy Brandts
oder der entschlossenen Wiedervereinigung
unter Helmut Kohl vergleichbar ist.« [47]

Hier wird eine groteske Übertreibung der Auswirkungen von Angela Merkels Entscheidung vorgenommen, Busse mit einigen Tausend Flüchtlingen ohne Grenzkontrollen über die deutsche Grenze fahren zu lassen, die ansonsten, ebenfalls ohne Grenzkontrollen, zu Fuß gekommen wären, nachdem in den Vortagen ohnehin schon Sonderzüge mit Flüchtlingen aus Budapest nach München fahren konnten. Und auch in den Monaten zuvor waren massenweise Flüchtlinge ohne Grenzkontrollen eingereist, nur eben ohne den offiziellen Segen der Kanzlerin. Wozu also diese Überhöhung?

Frau Merkel wurde überall gefeiert für die
›Grenzöffnung‹ und ihre dadurch zum Ausdruck
gekommene Mitmenschlichkeit. Hat die gesamte
Weltöffentlichkeit falsch gelegen?

Angela Merkel wurde im In- und Ausland auf ein hohes Podest gestellt für ihre vermeintliche »Grenzöffnung«. Später wurde sie für eben dies kritisiert. Beide Male handelte es sich um eine falsche Zuschreibung. Zwar war das Verhalten der Bundeskanzlerin sicherlich auch durch ein Gefühl der Mitmenschlichkeit getragen, aber die Einwanderung der vielen Flüchtlinge war zu dem Zeitpunkt ohnehin nicht mehr abzuwenden. Und ihre Worte und Taten in dieser Zeit hatten eine viel geringere Tragweite als allgemein angenommen.

Im Ausland zog man verwundert die Augenbrauen hoch angesichts dessen, was da los war, in Deutschland.[48] Vielleicht, um zu vereinfachen, schrieb man auch hier die Verantwortung für die Zuwanderung von Flüchtlingen Angela Merkel zu, denn mit dieser Person konnte jeder Zeitungsleser im Ausland etwas anfangen. Ich vermute, eine genaue Analyse der tatsächlichen Faktoren, die die Zuwanderung von Flüchtlingen nach Deutschland ausgelöst hatten, wäre in internationalen Medien aufgrund der Komplexität weniger gut darzustellen gewesen.

Im Inland begingen Teile der Presse den gleichen Fehler und sahen nicht genau genug hin, wenn es um die Ursachen und Verläufe der Flüchtlingseinwanderung ging. Angela Merkel bekam hier zunächst überwiegend Beifall, sowohl für ihre vermeintliche »Grenzöffnung« als auch für die Zuversicht, die ihr Satz ausstrahlte, die Aufnahme dieser Menschen oder was auch immer zu schaffen. »Mutti« schien, aus Sicht der meisten Medien und der Mehrheit der Bundesbürger, in diesen Wochen zunächst alles richtig zu machen und wurde gefeiert als Ikone eines menschenfreundlichen Deutschlands.

Wieso ist sonst noch keiner draufgekommen, dass es nicht Frau Merkel war, die aktiv Flüchtlinge ins Land gelassen hat?

Zunächst einmal muss festgehalten werden, dass es durchaus einzelne Journalisten gab, die die fehlende Verantwortung der Bundeskanzlerin für die Flüchtlingseinwanderung korrekt analysierten, allen voran Philip Faigle, Karsten Polke-Majewski und Sascha Venohr von der ZEIT. Aber diese Stimmen gingen schnell unter, zunächst in der allgemeinen Merkel-Begeisterung, später im noch populäreren Merkel-Bashing.

Da in Deutschland Pressefreiheit herrscht, das Recht auf freie Meinungsäußerung, Zugang für jedermann zu einer großen Zahl vertrauenswürdiger Statistiken und ein Heer kritischer und investigativer Journalisten berichtet, frage auch ich mich: Wie konnte eine solche Legendenbildung passieren, die eine derart starke Auswirkung auf die deutsche Parteienlandschaft hatte? Die Lüge der AFD, Angela Merkel plane eine »Umvolkung«, beruhte auf der medialen Zuschreibung, sie habe »die Flüchtlinge aufgenommen« oder »ins Land gelassen«. Und diese Zuschreibung hat sich über mehrere Jahre in fast allen Nachrichtenformaten, Bundestagsdebatten, Büchern und Fernseh-Talkshows gehalten. Obwohl alle Fakten auf dem Tisch lagen. Und diese Zuschreibung hat die AFD großgemacht.

Der Satz von Angela Merkel: »Wir schaffen das« war Ausdruck einer weltoffenen und pragmatischen Haltung der damaligen Bundeskanzlerin und wurde wahrscheinlich auch von vielen Flüchtlingen als ermutigendes Signal wahrgenommen. Ein wesentlicher Trigger für die starke Zuwanderung war aber weder dieser Satz noch andere Äußerungen von ihr in diesen Tagen, denn sonst wären die meisten Flüchtlinge erst im Dezember 2015 und Januar 2016 in Deutschland angekommen, nicht früher. Und die Erlaubnis vom 4. September für die Busse aus Ungarn zur Fahrt nach Deutschland sowie das damit verbundene vorübergehende Aussetzen des Dublin-Verfahrens für Flüchtlinge aus Syrien waren ebenso wenig ausschlaggebend. Denn auch ohne diese Busse sind im Herbst 2015 massenhaft Flüchtlinge über Ungarn und Österreich nach Deutschland gekommen. Und das Dublin-Abkommen hatte auch vorher nie funktioniert, wie im Kapitel »Einer für alle, alle für einen« beschrieben wird.

Was hat die Bundeskanzlerin im Zusammenhang
mit der Flüchtlingskrise denn überhaupt zu
verantworten?

In der Rückschau ist festzustellen, dass Angela Merkel durchaus Verdienste in der Zeit der großen Flüchtlingszuwanderung vorzuweisen hat.

Zwar war es im Nachhinein ein Fehler, das hohe Flüchtlingsaufkommen im Herbst 2015 nicht früher vorhergesehen und sich darauf eingestellt zu haben, denn die Wanderungswelle setzte sich in den Herkunftsländern, wie zuvor beschrieben, ja bereits im Frühjahr und Sommer 2015 in Bewegung, wurde von FRONTEX beobachtet und gemeldet. Diesen Fehler hat Angela Merkel inzwischen mehrfach öffentlich eingestanden. Auch hätte sie, wie es ihr Bernhard Lucke vorwirft[49], im Vorfeld der Flüchtlingskrise mehr Druck auf Griechenland ausüben können, die Menschenrechte bei der Unterbringung von Flüchtlingen einzuhalten. Dadurch hätten Dublin-Rückführungen nach Griechenland zumindest formal weiter möglich sein können und das bedenkenlose Durchwinken von Flüchtlingen in Griechenland wäre erschwert worden.

Die Kanzlerin hat aber richtig eingeschätzt, dass jeder Versuch, die vielen Flüchtlinge im Herbst noch an der Grenze von der Einreise nach Deutschland abzuhalten, zum Scheitern verurteilt gewesen wäre, vom Imageschaden Deutschlands mal ganz abgesehen. Sie hat in diesem Zusammenhang wohl auch die Rechtslage in der EU richtig beurteilt, zumindest wurde ihr bis heute in diesem Zusammenhang kein Rechtsbruch nachgewiesen. Und sie hat intensiv auf Maßnahmen hingewirkt, die notwendig waren, um den Zustrom von Flüchtlingen nach Deutschland langfristig zu begrenzen und zu kanalisieren: Ein anderes Regime an den EU-Außengrenzen, Rückführungsabkommen mit Herkunfts- und

Transitländern, mehr Kontrolle, effizientere Verwaltung und schnellere Verfahren. An all dem hat sie ab Sommer 2015 gearbeitet, teils mit Erfolg, teils mit weniger Erfolg. Dazu später mehr im Kapitel: »Die tun ja nichts, die da oben.«

Am 5. September 2015 hat Angela Merkel, wie sie es selbst ausdrückte, »in einer akuten Notsituation eine Entscheidung getroffen, die ja auch als eine humanitäre Ausnahme bezeichnet wurde, um Menschen zu helfen.«[50] Dies erleichterte einigen Tausend Flüchtlingen die Einreise, löste die »Flüchtlingskrise« aber nicht aus. Die Kanzlerin beging dabei keinen Rechtsbruch und öffnete auch keine Grenze. Sie tat, wozu ihr nichts anderes übrig blieb, bei einer ohnehin nicht zu stoppenden Flüchtlingswelle: Sie zeigte ein freundliches Gesicht. Und angesichts der gesellschaftlichen Herausforderung: Zuversicht.

Wenn nicht Frau Merkel, was war denn dann der Grund, warum 2015 plötzlich so viele Flüchtlinge nach Deutschland gekommen sind?

Die wahren Gründe für die über eine Million Flüchtlinge, im Jahr 2015 nach Deutschland einzuwandern, können wir unterscheiden in »Pushfaktoren«, welche dazu motivierten, die Herkunftsländer zu *verlassen* sowie »Pullfaktoren«, welche eine besondere *Anziehungskraft* für Flüchtlinge nach Deutschland ausübten. Es ist fast immer eine Mischung mehrerer Faktoren, die Menschen dazu bewegt, von einem Land in ein anderes auszuwandern.

Die wesentlichen Pushfaktoren im Sommer 2015 gehen zum Teil auf komplexe Zusammenhänge in den Herkunftsgebieten der Flüchtlinge zurück und wären Stoff für weitere Bücher. Da ich kein Experte für diese Länder bin, möchte ich nicht im Detail auf diese Pushfaktoren eingehen, sondern sie nur stichwortartig erwähnen und auf kompetentere Autoren verweisen:

- die weitere Eskalation des Bürgerkrieges in Syrien und im Irak, als der IS 2015 auf der Höhe seiner geographischen Ausbreitung und damit auch seiner Macht und seiner Grausamkeit angekommen war[51];
- eine weitere Verschlechterung der Sicherheitslage in Afghanistan[52];
- knapper werdende Mittel für die Versorgung in den vom UNHCR und Welternährungsprogramm betriebenen Flüchtlingslagern im Libanon, in Jordanien und in der Türkei[53, 54];
- die Ankündigung der iranischen Regierung, im Land lebende Afghanen für Milizen im Syrienkrieg rekrutieren zu wollen oder andernfalls abzuschieben[55];
- bewaffnete Konflikte und humanitäre Krisen in Somalia, Sudan, Eritrea, und Nigeria.

Unter meinen Freunden und Bekannten gab es verschiedene Auslöser für ihre Flucht: Latif[56], der im Camp in Visselhövede als Sprachmittler half, arbeitete in Afghanistan als Übersetzer für die US-amerikanischen Truppen. Nachdem seine Familie mehrfach Drohungen der Taliban erhielt und er schließlich seinen Namen auf einem »Fahndungsplakat« der Gotteskrieger sah, entschloss er sich zur Flucht, um sein Leben zu retten. Meinem Freund Samer wurden durch den Krieg in Syrien zunehmend die beruflichen Perspektiven geraubt, neben der Bedrohung durch Raketenangriffe und Autobomben, denen er ausgesetzt war. Hussam floh vor regierungstreuen syrischen Milizen, die ihn und seine Familie drangsalierten, Farsad[57] vor der Verfolgung durch das iranische Militär und den Religionswächtern. Es gibt viele Faktoren, die individuelle Auslöser für die Flucht von Menschen gewesen sein können. Sie unterscheiden sich von Fall zu Fall und oft wird es eine Mischung aus verschiedenen Gründen gewesen sein.

In Bezug auf die entscheidenden Pullfaktoren möchte ich auf diejenigen näher eingehen, die mir durch Berichte von Flüchtlingen bekannt wurden oder deren Bedeutung durch Umfragen und wissenschaftliche Studien bestätigt wurden:[58, 59]

- *Das deutsche Sozialsystem.* In Deutschland braucht kein Flüchtling zu hungern oder zu frieren, jeder hat ein Dach über dem Kopf. Alle Asylbewerber erhalten nach ihrer Ankunft in Deutschland umfangreiche Sozialleistungen. Wie wir später noch sehen werden, ist dies alles andere als selbstverständlich, selbst innerhalb der EU. Asylbewerber bekommen in Deutschland während des laufenden Asylverfahrens Sozialleistungen nach dem Asylbewerberleistungsgesetz (AsylbLG) und nach ihrer Anerkennung als Schutzberechtigte Leistungen nach dem Sozialgesetzbuch (SGB II), sofern sie ihren Lebensunterhalt noch nicht selbst bestreiten können. Diese Leistungen sind ungefähr die gleichen wie sie deutschen Beziehern von Sozialhilfe bzw. den »Hartz IV« genannten Mitteln nach dem SGB II zustehen. Ohne zu sehr in die Tiefen der Leistungsberechnung einzusteigen, lag der Satz im Herbst 2015 jeweils bei knapp 400 € pro alleinstehende Person (für Partner und Kinder etwas weniger), plus Unterkunft und Krankenversicherung. Die Höhe dieser Leistungen mag, gemessen am deutschen Durchschnittseinkommen, gering erscheinen. Verglichen mit den meisten anderen europäischen Staaten sind sie jedoch ausgesprochen großzügig und damit attraktiv für Flüchtlinge. Das bedeutet nicht zwangsläufig, dass die Mehrheit der Flüchtlinge nur nach Deutschland gekommen wäre, um Sozialleistungen zu beziehen. Nach meiner Wahrnehmung hatte der Großteil der Flüchtlinge den Vorsatz, in Deutschland zu arbeiten, und die meisten von ihnen haben dieses Ziel inzwischen auch erreicht. Nach einer Studie des Instituts für Arbeitsmarkt- und Berufsforschung hatten im Februar 2020 bereits mehr als die Hälfte der seit 2013 nach Deutschland eingereisten Flüchtlinge eine Arbeit gefunden, davon zwei Drittel in Vollzeit.[60] Doch solange eine Arbeitsstelle aufgrund von Anerkennungsverfahren und Sprachkursen noch nicht erreichbar war, stellte die soziale Sicherheit in Deutschland einen nachvollziehbaren Vorteil gegenüber vielen anderen Staaten dar. Die Kenntnis über das dichte soziale Netz in Deutschland hatte sich über das Internet und soziale Medien und nicht zuletzt durch Berichte von bereits in Deutschland angekommenen Flüchtlingen schnell in den Hauptherkunftsländern verbreitet.

- *Der Wunsch, schnell arbeiten und Geld in die Heimat überweisen zu können.* Der syrische Regimegegner Abadi[61], der in Rotenburg als ehrenamtlicher Sprachmittler tätig war, benannte mir als Hauptgrund, warum er im August 2015 schließlich Deutschland als Ziel seiner Flucht gewählt hatte: »die Wirtschaft«. Auch mein Freund Mohannad, der sich auf seiner Flucht in der Türkei mit schlecht bezahlter Schwarzarbeit über Wasser hielt, sehnte sich nach regulärer Arbeit. Da Deutschland 2015 eine niedrige und sinkende Arbeitslosigkeit aufwies, erschien vielen die Möglichkeit, in Deutschland schnell Geld verdienen zu können, realistisch. Darüber hinaus bestand oft eine Erwartungshaltung der in der Heimat verbliebenen Verwandtschaft oder Familie, zeitnah in Deutschland erwirtschaftetes Geld zur Linderung ihrer Not überwiesen zu bekommen. So berichtete mir die deutsche Pflegemutter eines minderjährigen Flüchtlings, dass dessen Familie in Afghanistan eben diese Erwartung hatte und den Sohn mit diesem Ziel nach Deutschland geschickt hatte. Auch von syrischen und irakischen Flüchtlingen sind mir solche Zusammenhänge vorgetragen worden, etwa wenn Geld für eine Busfahrt zum Deutschkurs fehlte, weil ein Teil der monatlichen Sozialhilfe bereits in die Heimat überwiesen wurde.

- *Das traditionell hohe Ansehen Deutschlands in der arabischen Welt* und damit verbunden eine hohe Attraktivität für Zuwanderer aus diesem Kulturkreis. Deutschland galt schon länger als sicherer Zufluchtsort für Flüchtlinge, mit einem hohen Anteil von Menschen mit Migrationshintergrund und einem funktionierenden Rechtsstaat. Auch genoss Deutschland in der arabischen Welt einen guten Ruf, weil es keine koloniale Vorgeschichte im Nahen Osten hatte und nicht beim zweiten Irakkrieg der USA mitgemacht hatte. Wie mir mein Freund Samer Tannous berichtete, war Deutschland schon lange vor 2015 das beliebteste europäische Auswanderungsziel für Syrer. Nur war dieses Zielland für die meisten Syrer unerreichbar. Dass dies auch für Flüchtlinge aus anderen Ländern galt, veranschaulicht Abbildung 2, wonach Deutschland bereits zwischen 2012 und 2017 durchgängig das beliebteste Zielland für Asylsuchende in der EU war.

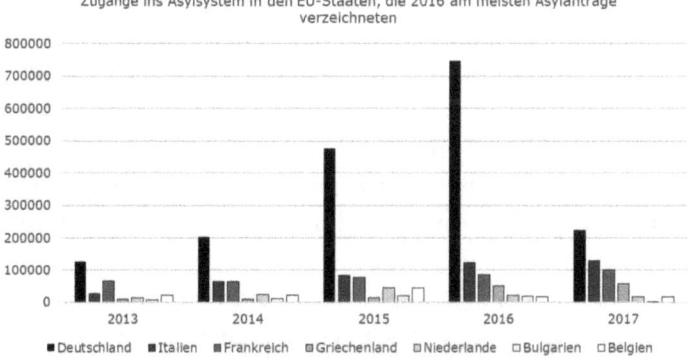

Abb. 2: Haupt-Zielländer von Asylsuchenden in Europa,
2013–2017
Eigene Darstellung. Quelle: BAMF Jahresbericht 2017, S. 30

- *Ein Tweet des Bundesamts für Migration und Flüchtlinge (BAMF) aus dem August 2015:* »Dublin-Verfahren syrischer Staatsangehöriger werden (...) nicht weiterverfolgt.« Dieser Tweet und die zugrunde liegende Entscheidung entsprachen dem Wunsch der Bundesländer und der deutschen Öffentlichkeit, Asylverfahren abzukürzen. Rückführungen nach Ungarn oder Griechenland, die nach Dublin-Vertrag zuständig gewesen wären, waren zu diesem Zeitpunkt rechtlich ohnehin nicht mehr zulässig. Aber der Tweet verstärkte die Sog-Wirkung auf Deutschland. In der Praxis war das vorübergehende Aussetzen der Dublin-Verfahren für Syrer letztlich belanglos.

- *Meldungen in den arabischen Medien* und *Versprechungen von Schleppern* in Bezug auf Häuser, Autos, Geld und Arbeitsplätze, welche für Flüchtlinge in Deutschland angeblich reserviert seien.[62] Wenn man berücksichtigt, dass in der arabischen Übersetzung »Haus« und »Wohnung« das gleiche sind und auch Sozialleistungen meistens mit »Gehalt« übersetzt werden, erscheinen diese Versprechungen rückblickend gar nicht so weit von der Realität entfernt. Vor allem arabische Sender wie Al-Arabiya und Al-Dschasira, aber auch die BBC berichteten umfassend von der Aufnahme von Flüchtlingen in Deutschland, zeigten Bilder von klatschenden Menschen an Bahnhöfen und brachten die freundliche Aufnahme in Deutschland oft, aber irrtümlich, mit Angela Merkel in Verbindung.

- Schon in den Vorjahren waren oft *Verwandte der späteren Flüchtlinge* nach Deutschland gekommen. So waren von 2011 bis 2015 z. B. über 100.000 Syrer nach Deutschland eingewandert, zum Teil als Kontingentflüchtlinge (Flüchtlinge, die im Rahmen einer humanitären Hilfsaktion in festgelegter Anzahl nach Deutschland übersiedeln dürfen). Diese bildeten Anknüpfungspunkte für ihre Verwandten in der Heimat, die deshalb später ebenfalls Deutschland als Zielland ihrer Flucht wählten.

- *Berichte und Bilder* von Verwandten, welchen die Flucht nach Deutschland gelungen ist. Mein Freund Mohannad z. B. hat von Freunden, die in Deutschland angekommen waren, Bilder vom freundlichen Empfang in einem Bahnhof auf sein Handy gesendet bekommen. Im Camp Visselhövede, wie auch in meiner späteren Arbeit, wurde mir darüber hinaus von Sprachmittlern und Freunden mehrfach berichtet, dass einige Flüchtlinge ihre Lebenssituation in Deutschland beschönigten, wenn sie mit Freunden oder Verwandten in der Heimat kommunizierten, um nicht als »Verlierer« dazustehen. Auch konnte ich selbst mehrmals beobachten, wie Flüchtlinge Selfies vor großen deutschen Limousinen machten und die Fotos dann in die Heimat sendeten.

- Der Umstand, dass auch Asylbewerber, deren Asylantrag bereits abgelehnt wurde, meist lange in Deutschland geduldet werden und *Abschiebungen selten erfolgreich* sind. Dies hatte sich unter den Flüchtlingen in den Herkunftsgebieten und in den Flüchtlingslagern im Jahre 2015 herumgesprochen und dürfte vor allem ein wesentlicher Pullfaktor für Flüchtlinge aus Regionen gewesen sein, welche eine schlechtere Bleibeperspektive aufwiesen (z. B. Schwarzafrika und Afghanistan).

- Eine gewisse *Gruppendynamik*, um nicht zu sagen ein »Herdentrieb« unter Flüchtlingen, die im Sommer und Herbst aus den Herkunftsländern, der Türkei oder libanesischen Flüchtlingslagern nach Europa aufbrachen. Wenn man weiß, dass viele Menschen aus dem unmittelbaren Umfeld eine Flucht mit dem gleichen Ziel beginnen, erscheint diese Reise sicherer und die Gefahr einer Fehlentscheidung geringer.

- Die Möglichkeit, *in Deutschland studieren zu können*, erschien insbesondere für viele junge Flüchtlinge attraktiv. Mein Freund Hussam wusste, dass ein Studium in Deutschland, im Gegensatz zu vielen anderen Ländern, mit keinen oder nur geringen Studiengebühren verbunden ist. Auch, dass viele ausländische Studenten in Deutschland lebten, machte unser Land für Flüchtlinge mit Hochschulreife interessant.

- Schließlich war die Entscheidung der ungarischen Regierung vom 17. Juni 2015, einen Grenzzaun zwischen Ungarn und Serbien zu bauen, der Auslöser dafür, dass sich im Sommer 2015 besonders viele Flüchtlinge von den Flüchtlingslagern auf den griechischen Inseln aufmachten, in Richtung Deutschland. Sie hatten Sorge, sonst später in Serbien zu stranden.

Wir sehen: Es gab im Sommer und Herbst 2015 viele Motive für Flüchtlinge, nach Deutschland zu kommen. Die Taten und Worte von Frau Merkel waren es aber in der Regel nicht.

Die Fluchtgeschichte von Hussam M., den ich im Flüchtlingscamp in Visselhövede kennenlernte und zu dem ich noch heute Kontakt habe, verdeutlicht, dass es oft eine Mischung verschiedener Gründe war, die im Jahr 2015 Flüchtlinge nach Deutschland geführt hat. Der damalige Student wohnte mit seiner Familie in Aleppo, als er 2014 bemerkte, dass die Kellerräume des elterlichen Geschäftes von einer regierungstreuen Miliz als Waffenlager genutzt wurden. Als Hussam versuchte, dies zu unterbinden, wurde er von der Miliz geschlagen, gefangen genommen und gegen ein Lösegeld von den Eltern freigekauft. Diese und andere Erlebnisse bewegte die Familie im August 2014 zur Flucht, zunächst in die Türkei. Sie reisten ins libanesische Beirut, nahmen von dort einen Flug nach Izmir und landeten schließlich in einem westlichen Vorort Istanbuls namens Esenyurt. Die Weiterreise nach Deutschland verhinderten die fehlenden finanziellen Mittel der Familie sowie die schlechten Verdienstmöglichkeiten in Esenyurt.

Die Lebensumstände dort waren schlecht, da der türkische Staat keinerlei Leistungen für Flüchtlinge bereithielt. Darüber hinaus wurden Syrer in dem Ort diskriminiert, Schaufenster syrischer Läden wurden eingeworfen. Allerdings konnte Hussam im Goethe-Institut von Istanbul als syrischer Flüchtling einen kostenlosen Deutschkurs sowie einen Englischkurs besuchen. Da die finanziellen Ressourcen der Familie begrenzt waren, beschloss sie, Kontakt mit einem Schleuser zu suchen, um zumindest Hussam mit den Familienersparnissen die Flucht nach Europa zu ermöglichen. Ende September konnte Hussam Für 1100 US-Dollar in einem Schlauchboot mit 40 Personen und einem bewaffneten Schleuser auf eine griechische Insel übersetzen und reiste dann, mit Hilfe weiterer Schleuser, über die Balkanroute nach Deutschland weiter. Die Gründe, warum er ausgerechnet nach Deutschland kam, waren vielfältig: Erstens gab es eine befreundete Familie, die bereits vor vielen Jahren nach Deutschland ausgereist war. Zweitens wusste Hussam von einem guten Freund aus Aleppo, dass auch er nach Deutschland auswandern wollte. Drittens hatte Hussam über soziale Medien Kontakt zu vielen anderen Flüchtlingen, denen die Flucht nach Europa geglückt war und die Tipps gaben, wie diese am schnellsten, sichersten und günstigsten gelingen konnte. Viele von ihnen waren in Deutschland gelandet. Von Deutschland wusste Hussam, dass man kostenlos studieren konnte und dass es viele Menschen mit Migrationshintergrund gab, die hier in Sicherheit lebten. Als er Ende September 2015 aus der Türkei nach Deutschland aufbrach, kannte der ansonsten gut informierte Hussam jedoch weder das Selfie von Shaker Kedida mit Angela Merkel noch ihren Satz »Wir schaffen das« oder andere Taten und Worte der Kanzlerin, von denen er eine »Einladung« hätte ableiten können. Er wusste auch nichts von Merkels Entscheidung, am 5. September eine begrenzte Anzahl Flüchtlinge mit Bussen aus Österreich abzuholen. Hussam kam, wie die meisten, aus anderen Gründen.

Okay, wenn Frau Merkel schon nicht für die Ein-
wanderung der Flüchtlinge nach Deutschland
verantwortlich war, dann trägt sie mit ihrem
»Wir schaffen das!« aber zumindest Verantwortung
für die »Willkommenskultur«, oder?

Grundsätzlich ist sicher richtig, dass die Äußerungen von Frau Merkel viele Deutsche in ihrer Haltung bestärkt haben, den Flüchtlingen Hilfsbereitschaft und der Welt damit ein »freundliches Gesicht« unseres Landes anzubieten. Viele Bundesbürger dürften dies angesichts des ohnehin unabwendbaren Zustroms von Flüchtlingen auch für das Richtige gehalten haben, und es trug zum Ansehen Deutschlands in der Welt nachhaltig bei. Aber auch hier müssen wir Abstriche machen. Denn wann und wie ist die sogenannte Willkommenskultur in Deutschland eigentlich entstanden?

Betrachten wir dazu die Vorgeschichte zu Merkels »Wir schaffen das«. Im Sommer 2015 mehrten sich rechtsextremistisch und fremdenfeindlich motivierte Straftaten in Deutschland. Medial kulminierten sie in den Ereignissen von Heidenau in Sachsen am 18. August 2015: Als Busse mit Flüchtlingen vor einem zum Flüchtlingsheim umgerüsteten Baumarkt eintrafen, warteten dort bereits ca. 1000 von der NPD organisierte Demonstranten. Die Flüchtlinge mussten lange in den Bussen warten, während draußen der ausländerfeindliche Mob johlte und die Polizei mit Steinen und Flaschen bewarf. Erst gegen Mitternacht konnten die ersten Flüchtlinge unter lautstarken Anfeindungen den Bus verlassen.

Nicht nur die erschöpften und verängstigten Flüchtlinge in den Bussen von Heidenau waren schockiert, die Szenen gingen damals durch alle Nachrichtensendungen und erschütterten die Republik. Auch im sächsischen Freital gab es im Sommer 2015 erschütternde ausländerfeindliche Ausschreitungen. Diese und andere Ereignisse befeuerten auch die Debatte um Flüchtlinge, Rechtsextremismus und das Schweigen der Kanzlerin. Diese verhielt sich nämlich den Sommer über auffallend still und vermied bis dahin klare Stellungnahmen zur Flüchtlingssituation ebenso wie Besuche von Flüchtlingsheimen. Wie gesagt, nicht wenige attribuierten Angela Merkel zu dieser Zeit mit »kaltherzig«. Wohl auch, um an dieser Stelle klarzustellen, auf welcher Seite der Gesellschaft sie stand, besuchte Angela Merkel am 26. August schließlich das Flüchtlingsheim in Heidenau, unter wütenden Beschimpfungen rechtsgesinnter Demonstranten. Daraufhin begrüßten viele Menschen Ende August 2015 ostentativ die Ankunft von Flüchtlingen auf deutschen Bahnhöfen, wie z. B. am 31. August in München.[63] Viele Deutsche schämten sich für die Ereignisse von Heidenau und das »hässliche Gesicht Deutschlands«, das damit in die Welt gesendet wurde. Nun wollten sie diesen Bildern bewusst humanitäres Engagement und eine ausländerfreundliche Haltung entgegensetzen.

Eine Mitverantwortung für die »Willkommenskultur« zu jener Zeit trugen sicherlich auch die Medien.[64] Eine umfangreiche Studie zu der Berichterstattung in deutschen Medien der Jahre 2015 und 2016 stellte fest: »*Annähernd 83 % aller Zeitungsberichte vermitteln das Leitbild Willkommenskultur in einem positiven oder mehr positiven Sinne.*«[65] Neben den vielen Fernsehbildern von Familien mit kleinen Kindern war auch oft davon die Rede, dass ja überwiegend die Besserqualifizierten aus den Herkunftsländern nach Deutschland kämen, was sich erst später als Halbwahrheit herausstellte. Auch vor diesem Hintergrund muss man die bemerkenswerte »Willkommenskultur« im Deutschland jener Tage einordnen. Die drei Worte von Frau Merkel am 31. August waren da weniger erheblich und kamen auch erst, als die »Willkommenskultur« innerhalb weiter Teile Deutschlands bereits zur prägenden Stimmung geworden war.

Weil Angela Merkel mit Worten Ende August und mit Taten Anfang September 2015 erstmals Signale *für* die humanitäre Aufnahme von Flüchtlingen sendete, hat sie sicherlich die landesweit immer mehr um sich greifende Willkommenskultur aufgenommen und unterstützt. Ausgelöst jedoch hat sie sie nicht. Schon die ersten Sonderzüge aus Budapest Ende August 2015 wurden am Münchner Bahnhof jubelnd in Empfang genommen, nicht erst die Busse am 5. September, nach Merkels vermeintlicher »Grenzöffnung«.

Es wäre auch eher untypisch für den Politikstil Angela Merkels gewesen, sich schon zu Beginn an die Spitze einer solchen Bewegung zu setzen. Ihre Strategie war stets, eine schon bestehende Stimmung im Land aufzunehmen und ihre Politik dann danach auszurichten. So hat sie es bei der Abschaffung der Wehrpflicht gehalten, beim Ausstieg aus der Kernenergie und auch bei der »Eurorettung«. Nichts anderes tat sie im Spätsommer 2015, als sie eine positive Haltung gegenüber der Flüchtlingseinwanderung einnahm. Meinungsumfragen zu dieser Zeit belegen, dass die Mehrheit der Deutschen damals die Aufnahme von Flüchtlingen aus Kriegsgebieten befürwortete und der Aussage zustimmte, dass der Zuzug von Flüchtlingen eine kulturelle Bereicherung darstelle.[66]

Viele politische Beobachter schrieben dem »Wir schaffen das« von Angela Merkel eine Abkehr von ihrem abwartenden und berechnenden Politikstil zu, von ihrer »asymmetrischen Demobilisierung«. Hier habe die Kanzlerin, erstmals und gegen Widerstände, eine dezidiert eigene Haltung bewiesen. Aber das stimmt nicht. Sie hat, wie schon so oft, die Haltung der Bevölkerungsmehrheit gespürt und aufgenommen. Die Widerstände aus Politik und Gesellschaft gegen die Willkommenskultur wurden erst später gesellschaftsfähig, als deutlich wurde, dass die Integration von einer Million Zuwanderern aus einem fremden Kulturkreis kein Kinderspiel werden würde.

Der Satz »Wir schaffen das« hat den Gefühlen vieler Deutscher zu jener Zeit Ausdruck verliehen und ihnen Mut gemacht. Und das war auch gut so.

Elevator Pitch:

Angela Merkel hat den als Flüchtlingskrise bezeichneten starken Zuzug von Flüchtlingen nach Deutschland im Herbst und Winter 2015 nicht wesentlich zu verantworten. Ursache hierfür waren vielmehr Entwicklungen in der Heimat der Zuwanderer und die seit Jahrzehnten guten wirtschaftlichen und sozialen Rahmenbedingungen und Perspektiven für Flüchtlinge in Deutschland. Auch hat Angela Merkel nie eine deutsche Außengrenze für Flüchtlinge geöffnet.

Am Abend des fünften Tages ging Jalumba in ein Nachbardorf, um mit dem dortigen Medizinmann für ein Ende des Regens zu beten. Doch noch bevor sie angekommen war, hatte der Regen bereits aufgehört.

Der Deal mit Erdoğan

Im Sommer und Herbst 2015 war der Zuzug der Flüchtlinge das beherrschende Thema in deutschen Medien, im Januar und Februar 2016 war es die Silvesternacht von Köln. Erinnern Sie sich noch, wodurch dieses Thema abgelöst wurde? Durch eine weitere Legende! Nämlich die, dass ein Abkommen zwischen der EU und der Türkei, welches maßgeblich auf die Initiative der deutschen Kanzlerin zurückging, die Flüchtlingskrise beenden würde. Ebenso populär wie die Erzählung, Angela Merkel habe den »Ausbruch« der Flüchtlingskrise 2015 verschuldet, ist die Ansicht, sie sei auch für den Rückgang der Zuwanderungszahlen wenige Monate später verantwortlich. So berichtet die WELT 2017:

> *»Die wenigsten aber stellen infrage, dass Merkel die Architektin des Deals ist: Dank ihres Konzepts sei aus der chaotischen Flüchtlingsbewegung, die ihre Hochphase im Herbst 2015 hatte, ein geordneter Migrationsstrom geworden.«* [67]

Nach der gängigen Lesart ist Angela Merkel dies durch das Flüchtlingsabkommen der EU mit der Türkei gelungen, welches im Wesentlichen ihrem Wirken zugeschrieben wurde.

Dieses Abkommen beinhaltete die Verpflichtung der Türkei zu verhindern, dass Flüchtlinge über die Ägäis nach Griechenland übersetzen bzw. über die Landesgrenze nach Bulgarien oder Griechenland einreisen. Dafür stellte die EU bis 2018 sechs Milliarden Euro an Hilfsgeldern für die Türkei in Aussicht. Flüchtlinge, die keinen Anspruch auf Asyl hatten, sollten ab dem 20. März 2016 aus Griechenland zurück in die Türkei gebracht werden, und die Türkei verpflichtete sich

zur Aufnahme dieser. Für jeden dieser in die Türkei zurück-
geholten Flüchtlinge verpflichtete sich die EU im Gegenzug, in
größerem Umfang syrische Flüchtlinge aus türkischen Flüchtlingslagern in einem geordneten Verfahren aufzunehmen. Das
Geschäft der Schlepper sollte damit ebenso beendet werden
wie die lebensgefährlichen Überfahrten auf der Ägäis. Darüber hinaus wurden der türkischen Regierung Verhandlungen
über die Abschaffung des Visazwangs für türkische Bürger in
Aussicht gestellt sowie Gespräche über einen schnelleren EU-
Beitritt. Geistiger Vater des Abkommens war der Gründungs-
direktor der »European Stability Initiative«, Gerald Knaus.

*Für dieses Abkommen wurde Frau Merkel in
Deutschland gefeiert, weil es die Zuwanderung von
Flüchtlingen beendete!*

Tatsächlich wurde dieser Vertrag oft als die entscheiden-
de Maßnahme dargestellt, den Zustrom von Flüchtlingen
nach Deutschland im Winter 2015/16 zu beenden. Auch
sein Erfinder Gerald Knaus hängt dieser Vorstellung nach.[68]
In Wahrheit jedoch war dieses im Grunde geniale Abkommen letztendlich ziemlich wirkungslos. Vielleicht leistete es
im späteren Jahresverlauf einen geringfügigen Beitrag zum
Rückgang der Grenzübertritte nach Griechenland und half
möglicherweise, einen erneuten Anstieg zu einem späteren
Zeitpunkt zu verhindern. Aber der Rückgang der Zugangszahlen im Winter 2015/2016 ging eindeutig nicht auf das
Konto des Abkommens. Und spätestens seit 2017, das ge-
steht auch Gerald Knaus ein, ist es gänzlich wirkungslos.[69]
    Der eindrücklichste Beleg dafür sind erneut die öffentlich
zugänglichen statistischen Zahlen. Und wieder fällt es schwer
zu glauben, dass die folgenden Zusammenhänge nicht schon
früher der Öffentlichkeit vor Augen geführt wurden.

Das EU-Türkei-Abkommen trat am 18. März 2016 in Kraft. Wenn wir davon ausgehen, dass die Reise eines Flüchtlings von der griechischen Küste bis nach Deutschland mehrere Wochen dauert, müsste ein Effekt also an den deutschen EASY-Zugangszahlen im April ablesbar sein. Im Februar 2016 hatte die Zahl der Zugänge noch bei 61.428 gelegen. Im März 2016 verzeichnete das EASY-System 20.606 Zugänge, nur geringfügig mehr als im April mit 15.941 Zugängen. Diese Zahl blieb auch in den Folgemonaten einigermaßen stabil und lag im Mai bei 16.281 Zugängen (siehe Abb.3). Der größte Rückgang der Zuwanderung von Flüchtlingen lässt sich dagegen zwischen November 2015 und März 2016 ablesen, also *vor* dem Inkrafttreten des Abkommens. Das Ende März in Kraft getretene Abkommen der EU mit der Türkei hat keinen nennenswerten Einfluss auf den Rückgang der Flüchtlingszahlen in Deutschland gehabt.

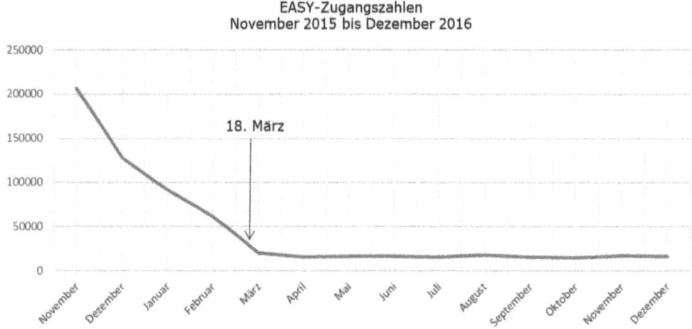

EASY-Zugangszahlen
November 2015 bis Dezember 2016

Abb. 3: EASY-Zugänge November 2015 bis Dezember 2016

Eigene Darstellung. Quelle: BAMF-Mitteilung auf Anfrage.

Dies wird auch an den Zahlen der Grenzübertritte in die EU über die Ägäis deutlich. Diese verzeichneten bereits im November 2015 einen deutlichen Rückgang, vier Monate vor Inkrafttreten des Abkommens. Zwar verringerte sich die Zahl der Überfahrten über die Ägäis auch im April 2016 gegenüber dem März noch einmal, aber ausgehend von einem bereits deutlich gesunkenen Niveau.[70]

Da die Flucht aus Syrien oder Afghanistan nach Deutschland, wie zuvor beschrieben, mehrere Monate und aus der Türkei immer noch mehrere Wochen dauerte, muss in den Monaten zwischen November 2015 und März 2016 also irgendetwas anderes geschehen sein, was die Menschen davon abhielt, nach Deutschland zu kommen.

Wenn es nicht das EU-Türkei-Abkommen war, was verringerte dann die Flüchtlingszahlen so drastisch?

Für die Verringerung der Flüchtlingszahlen war ein Zusammenspiel verschiedener externer Faktoren verantwortlich: Zunächst einmal verschlechtert sich im Winter regelmäßig das Wetter über der Ägäis. Damit nehmen Stürme und Wellengang zu, womit die Überfahrt für Flüchtlinge deutlich beschwerlicher und vor allem gefährlicher wird. Wie schon im Vorjahr, so nahm auch im Winter 2015/2016 damit einhergehend die Anzahl der Boote ab, mit denen Flüchtlinge von der Türkei nach Griechenland übersetzten. Auch für die Etappen einer Flucht, die über Land führen, ist es in den kalten und regnerischen Wintermonaten deutlich schwieriger als im Sommer und Herbst.

Für den nachhaltigen Rückgang der Flüchtlingszahlen ab Dezember 2015 war jedoch die sukzessive Schließung der »Balkanroute« verantwortlich: Am 14. September vollendet Ungarn den Grenzzaun zu Serbien, und am 17. Oktober wird der Grenzzaun zwischen Ungarn und Kroatien geschlossen. Diese Maßnahmen hatten eine drastische Reduzierung der Flüchtlingszahlen zur Folge, die über diese Länder nach Ungarn kamen. Diese sanken ab dem 17. Oktober 2015 plötzlich und drastisch von über 6000 auf Null.[71]

Die kurzfristige Wirkung dieser Grenzzäune war übrigens zunächst noch eine andere und hatte mit den Geschehnissen am Budapester Bahnhof Anfang September zu tun: Während des Baus des Zaunes konzentrierten sich die Grenzübertritte zunehmend auf Bahngleise, welche anfangs noch nicht gesperrt waren. Über Sammelpunkte der ungarischen Polizei kamen viele der dort gestrandeten Flüchtlinge dann zum Budapester Bahnhof und stauten sich dort.

In der Folge der Grenzschließungen zu Serbien verlagerte sich der Flüchtlingsstrom zunächst auf die Grenze zwischen Kroatien und Ungarn, woraufhin auch hier ein Zaun gebaut wurde, und anschließend auf die Grenze zwischen Slowenien und Ungarn bzw. Slowenien und Österreich. Eine Kaskade von Grenzschließungen und Zaunbauten in den Staaten entlang der Balkanroute folgte. Ende Januar 2016 begann schließlich Mazedonien mit dem Bau eines Grenzzaunes zu Griechenland. Ende Februar war diese Grenze dann für Flüchtlinge vollständig geschlossen, was zu einem Stau von 35.000 Flüchtlingen in Griechenland führte. Die schockierenden Bilder aus dem Lager Idomeni, das im regnerischen Frühjahr 2016 einer Schlammwüste glich, dürften noch einigen Lesern in Erinnerung sein. Hunderte Menschen, darunter viele Kinder, litten an Durchfall, Erkältungen und anderen Krankheiten, die auf die unhaltbaren hygienischen Umstände im Lager zurückzuführen waren.

Als Folge verlagerte sich der Weg von Flüchtlingen nach Deutschland insgesamt auf die deutlich gefährlichere Route über das Mittelmeer zwischen Afrika und Italien. Und damit reduzierte sich noch einmal erheblich die Zahl der Flüchtlinge, die nach Deutschland kamen.

Im März 2016, also vor Inkrafttreten des Flüchtlingsabkommens zwischen der Türkei und der EU, war die Flüchtlingsroute über den Balkan nach Norden praktisch schon nicht mehr passierbar.

Der »EU-Türkei-Deal« indessen war fast vollständig wirkungslos. Von 2016 bis 2020 wurden insgesamt nur 2140 Personen von den griechischen Auffanglagern nach Griechenland zurückgebracht. »Die Wahrscheinlichkeit einer Rückführung lag (...) unter 1,5 %«, wie Gerald Knaus feststellt.[72]

Die Gründe dafür, dass der EU-Türkei-Deal nach seinem Inkrafttreten nie richtig funktionierte, sind vielfältig. Zum einen hat die griechische Regierung es konsequent vermieden, in ihren Flüchtlingslagern Asylverfahren in einer nennenswerten Anzahl durchzuführen. Trotz einer letztlich nur geringen und weiter sinkenden Anzahl von Asylantragstellern und hohen Summen von EU-Geldern für genau diesen Zweck behaupteten die griechischen Behörden, sie seien mit den Verfahren und der Unterbringung von Flüchtlingen überfordert. Von deutschen Medien wurde diese Behauptung nur selten hinterfragt. Gerald Knaus zitiert einen McKinsey-Bericht, nach dem auf den griechischen Inseln z. B. im April 2017 nur 700 Asylentscheidungen mit inhaltlicher Prüfung getroffen wurden. Diese Zahl erscheint erstaunlich gering, angesichts von 1,1 Milliarden Euro an Fördergeldern, die für diesen Zweck bis Mai 2018 an Griechenland flossen, 83 Asylbefragern und 92 Dolmetschern, die vom Europäischen Unterstützungsbüro für Asylfragen finanziert und organisiert wurden und zusätzlich 100 griechischen Beamten.[73] Es drängt sich die Vermutung auf, dass die griechische Regierung schlicht keine Lust hatte, zügig Asylverfahren durchzuführen, wie es für das Erfüllen des Vertrages mit der Türkei nötig gewesen wäre, sondern stattdessen auf Abschreckung durch schlechte Behandlung von Flüchtlingen in überfüllten Lagern setzte.

Ein weiterer Beleg für die vergleichsweise geringe Wirkung des EU-Türkei-Abkommens ist der Bruch dessen durch die Türkei: Am 27. Februar 2020 teilte die Regierung in Ankara mit, dass die türkischen Sicherheitsbehörden Flüchtlinge auf den Land- und Seewegen nach Europa nicht mehr stoppen würden. Dies war das vorläufige Ende des Abkommens. In der Folge überquerten in der ersten Märzhälfte 2020 wieder mehr Flüchtlinge mit Schlauchbooten die Ägäis in Richtung Griechenland, an den Zäunen der Landesgrenze zu Griechenland stauten sich Gruppen von Flüchtlingen und es kam zu Protesten. Später stellte sich heraus, dass viele dieser Flüchtlinge mit Bussen im Auftrag der türkischen Regierung an die Grenze gefahren wurden und z. T. auch Personen dafür bezahlt wurden, Proteste am Grenzzaun anzuzetteln. Das Flüchtlingsabkommen zwischen der Türkei und der EU war ab diesem Zeitpunkt nicht mehr in Kraft. Dennoch erhöhte sich in den Folgemonaten das Flüchtlingsaufkommen in Deutschland nicht. Der Grund war, dass die Weiterreise durch Griechenland versperrt war. Das Flüchtlingsabkommen zwischen der EU und der Türkei war für Deutschland zu diesem Zeitpunkt also noch immer wirkungslos.

Hat nicht auch die Obergrenze von 200.000 Flüchtlingen jährlich, die auf Druck von Seehofer eingeführt wurde, zur Eindämmung der Zuwanderung von Flüchtlingen beigetragen?

Die Kritiker der Bundeskanzlerin reklamieren, dass die Obergrenze von 200.000 Flüchtlingen jährlich, die auf Betreiben von Horst Seehofer beschlossen wurde, zur Reduzierung der Zuwanderung von Flüchtlingen nach 2015 beigetragen hätte. Aber auch das ist falsch. Diese Obergrenze wurde nie erreicht, seit 2015 waren die Zahlen stets deutlich niedriger. Insofern steht der Lackmus-Test dieser Regelung noch aus. Eine solche Obergrenze kann ohnehin getrost als

Augenwischerei angesehen werden, weil sie, genau wie eine »Grenzschließung« zu Österreich, gar nicht durchsetzbar wäre. Stellen Sie sich einmal vor, Deutschland würde nach dem 199.999sten Flüchtling in diesem Jahr ... ja, was eigentlich? Die Grenze schließen? Einen Zaun bauen? Schlagstöcke, Wasserwerfer oder Schlimmeres einsetzen? Innerhalb der EU und des Schengen-Raums? Obwohl das Grundrecht auf Asyl in § 16 unseres Grundgesetzes verankert ist und »Pushbacks« illegal sind? Das ist nicht nur in der Praxis völlig undurchführbar, sondern wäre auch nicht rechtskonform. Und es gäbe außer der AFD wohl keine politische Kraft in Deutschland, die ernsthaft versuchen würde, solche Maßnahmen tatsächlich durchzusetzen.

Elevator Pitch:

Das Flüchtlingsabkommen zwischen der EU und der Türkei, welches maßgeblich auch auf die Bundeskanzlerin zurückgeht, war und ist wirkungslos, da Griechenland die dafür erforderlichen Asylverfahren nicht anstößt. Der als Flüchtlingskrise bezeichnete starke Zuzug von Flüchtlingen im Herbst und Winter 2015 wurde in erster Linie durch andere Umstände beendet, wie Grenzschließungen auf der »Balkanroute« und klimatische Bedingungen.

Es gab eine Regel im Tal, dass die höhergelegenen Dörfer Terrassen bauen sollten, um die tiefergelegenen Dörfer vor Überschwemmungen zu schützen. Die oberen Dörfer bauten jedoch nie die versprochenen Terrassen, sondern waren heilfroh, wenn das Wasser vom großen Regen ungehindert in die tiefergelegenen Dörfer strömte, auch wenn es dort zu Überschwemmungen führte.

Die Menschen im tiefergelegenen Dorf Jalumbas waren eigenartige Menschen. Obwohl sie die Leidtragenden waren, machten sie den höhergelegenen Dörfern keine Vorwürfe, dass diese ihren Verpflichtungen nicht nachkamen, sondern hatten stattdessen selbst ein schlechtes Gewissen. Sie sagten sich, dass es ja auch ungerecht sei, die höhergelegenen Dörfer zum Terrassenbau zu verpflichten und dass es da oben am Berghang schrecklich regnen müsse, ohne dass den Menschen Regenschirme gebracht würden.

Alle für einen,
einer für alle

Nach dem Brand im griechischen Flüchtlingslager Moria im September 2020 ging ein ähnlicher »Ruck« durch Deutschland wie nach dem schrecklichen Bild des ertrunkenen Flüchtlingsjungen Alan Kurdi fünf Jahre zuvor. Viele Deutsche empfanden Mitleid für das Leiden der Flüchtlinge in Griechenland und forderten Solidarität und Aufnahmebereitschaft von der Bundesregierung. Erneut wurden die Mittelmeerländer als die Träger der Hauptlast des Flüchtlingszustroms nach Europa dargestellt. Dies war schon in den Vorjahren der Tenor der Berichterstattung.

Am 9. Juli 2019 las ich auf den Onlineseiten des SPIEGEL in einem Kommentar von Markus Feldenkirchen:

> *»Jahrelang ließ die Bundesrepublik das Land*
> *(Italien) allein mit den Migranten und Flüchtlingen.*
> *Man versteckte sich bequem hinter der Dublin-*
> *Regelung, wonach jene Staaten verantwortlich sind,*
> *in denen die Flüchtlinge als Erstes den Boden der*
> *EU betreten. Statt diese Länder zu unterstützen und*
> *die Auf- und Übernahme der Menschen anzubieten,*
> *machte sich Deutschland einen schlanken Fuß.«*[74]

Diese drei Sätze sind kompletter Unsinn und so ziemlich das Gegenteil dessen, was wir als Wirklichkeit ansehen müssen. Leider sind derlei Verzerrungen in Bezug auf Deutschlands Rolle im Dublin-System kein Einzelfall. Dass Italien die Hauptlast der Flüchtlingseinwanderung nach Europa trage und wir deshalb solidarischer mit diesem Land sein sollten, ist seit 2015 die gängige Erzählweise in zahlreichen Zeitungsartikeln, Kommentaren und Reportagen.[75] Es gehört scheinbar zum guten Ton, den Deutschen ein schlechtes Gewissen beim Flüchtlingsthema gegenüber den Mittelmeerstaaten einzureden, ohne dass eine triftige Begründung dafür geliefert würde.

Die Realität indessen ist eine völlig andere. Wie bereits erläutert, legt die Dublin-Verordnung fest, dass derjenige Staat für einen Asylbewerber zuständig ist, in den die Person nachweislich zuerst eingereist ist, es sei denn, sie hält sich bereits über sechs Monate in einem anderen Vertragsstaat auf. Darüber hinaus hat jeder Vertragsstaat das Recht, selbst einen Asylantrag zu prüfen, auch wenn er eigentlich nicht zuständig wäre.

Im Klartext heißt das: Wenn ein Flüchtling z. B. über das Mittelmeer nach Italien kommt, betritt er in Italien erstmals die EU. Damit ist Italien zuständig für die Registrierung dieses Flüchtlings und für die Durchführung des Asylverfahrens. Wenn dieser Flüchtling anschließend nach Deutschland weiterreist, um hier erneut Asyl zu beantragen, müsste Deutschland ihn nach Italien zurückschicken, weil Italien für sein Asylverfahren zuständig ist. Und Italien müsste diesen Flüchtling auch zurücknehmen, dazu hat es sich schriftlich im Dublin-Abkommen verpflichtet. Anders sähe es nur dann aus, wenn der Flüchtling nach seiner Weiterreise bereits mehr als sechs Monate in Deutschland lebt. Oder wenn der deutsche Staat freiwillig entscheidet, in das Asylverfahren für diesen Flüchtling einzusteigen – dann wäre Deutschland zuständig.

Das hört sich ungerecht an. Dann müssten Italien, Griechenland, Ungarn und Spanien ja fast alle Flüchtlinge aufnehmen und Deutschland wäre fein raus. Warum wurde eine solche Regelung überhaupt erfunden?

Die Dublin-Regelung wäre per se ungerecht, wenn sie denn funktionieren würde. Italien, Griechenland, Ungarn und Spanien müssten dann fast alle Flüchtlinge aufnehmen und Länder wie Deutschland oder Österreich wären fein raus. Tatsächlich würde die Regelung, wenn sie denn funktionierte, die an Außengrenzen der EU liegenden Staaten immens benachteiligen. Tut sie aber nicht. Und das kommt so:

Den für das Dublin-System notwendigen Informationsaustausch liefert das EURODAC-System, ein europäisches automatisiertes System zum Vergleich der Fingerabdrücke von Asylbewerbern. Über diese europaweite Datenbank können alle EU-Länder feststellen, welcher Asylbewerber in welchem Land bereits registriert ist. Die Erfassung einer Person im EURODAC-System ist eine Voraussetzung für das Initiieren einer Dublin-Rückführung.

Die Zuständigkeit für einen Flüchtling innerhalb der EU liegt durch das Dublin-System also grundsätzlich bei dem Land, in das der Flüchtling zuerst eingereist ist. Und Deutschland ist ein Binnenland innerhalb der EU. Wenn das Dublin-System also richtig funktionieren würde, dann lebten heute nur wenige Flüchtlinge in Deutschland. In dem Fall würden sich nämlich nur diejenigen Flüchtlinge in Deutschland aufhalten, für welche Deutschland das Selbsteintrittsrecht gewählt hätte, oder diejenigen, die dieses Land als Kontingentflüchtlinge aufgenommen hat oder jene, die an der Nordseeküste anlanden (Letztere sind jedoch nicht allzu viele). Für Asylsuchende, die über Flughäfen einreisen, gibt es ein gesondertes »Flughafen-Verfahren«, über diesen Weg kamen nur sehr wenige Flüchtlinge in dieses Land[76, 77]. Alle anderen Asylsuchenden sind zwangsläufig über einen sicheren EU-Staat eingereist, und damit wäre Deutschland nach dem Dublin-Abkommen nicht zuständig für die Durchführung des Asylverfahrens. Deutschland wäre als Binnenland unter den Ländern mit sehr geringen Flüchtlingszahlen in Europa. Soweit die Theorie.

Also wenn das Dublin-System bisher funktioniert hätte, würde es in Deutschland nur sehr wenige Flüchtlinge geben. Zumindest kaum welche, für die Deutschland zuständig wäre.

Tatsächlich jedoch ist festzustellen: Nach Deutschland sind nicht die wenigsten, sondern mit großem Abstand die meisten Flüchtlinge in ganz Europa gekommen. Deutschland hat nie wirklich vom Dublin-System profitiert, sonst würden viel weniger Flüchtlinge hier leben. Gerade Deutschland hat im letzten Jahrzehnt nie andere EU-Länder mit der Flüchtlingsproblematik im Stich gelassen oder sich »einen schlanken Fuß gemacht«, wie Herr Feldenkirchen vom SPIEGEL unterstellt. Auf einige andere EU-Länder mag dieser Vorwurf ja zutreffen, auf Deutschland sicher nicht. Deutschland ist weltweit eines der großzügigsten Länder, wenn es um die Aufnahme von Flüchtlingen geht.

Selbst wenn wir die Bevölkerungsgröße mit einbeziehen und die Zahl der Flüchtlinge pro Einwohner vergleichen, kommt Deutschland auf einen Spitzenplatz. Dies war insbesondere zu Zeiten der »Flüchtlingskrise« der Fall, wie der Vergleich der Zahlen der Asylbewerber in Europa für das Jahr 2016 belegt (siehe Abb. 4). In Deutschland kamen damals rund neun Flüchtlinge auf 1000 Einwohner, in Italien nur zwei. Nur kleine Länder wie Luxemburg, Zypern und Malta wiesen in den Jahren 2015 bis 2017 mehr Flüchtlinge pro Kopf der Bevölkerung auf als Deutschland.[78] Und bis heute hat sich dieses Bild nicht wesentlich geändert.

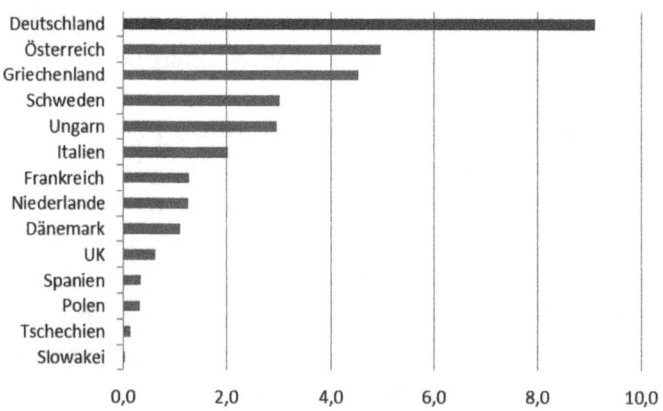

Deutschland	
Österreich	
Griechenland	
Schweden	
Ungarn	
Italien	
Frankreich	
Niederlande	
Dänemark	
UK	
Spanien	
Polen	
Tschechien	
Slowakei	

0,0   2,0   4,0   6,0   8,0   10,0

Abb. 4: Asylbewerber pro 1000 Einwohner, 2016
Eigene Darstellung, eigene Berechnung Datengrundlage:
https://www.europarl.europa.eu/infographic/welcoming-europe/
index_de.html#filter=2016

Deutschland gehört in der EU zu den Ländern mit
den höchsten Flüchtlingszahlen pro Kopf der Be-
völkerung? Obwohl wir nach der Dublin-Verordnung
als Binnenland eigentlich für kaum einen Flüchtling
zuständig wären? Da stimmt doch etwas nicht!

Die Vorstellung, das Dublin-System hätte jemals eine nen-
nenswerte Auswirkung auf die Verteilung von Flüchtlingen
in Europa gehabt, ist falsch. Das Dublin-System funktioniert
nicht, hat nie funktioniert und wird wohl auch nie funktionieren. Dafür sorgen, neben dem deutschen Asylrecht und
Sozialsystem als größte Pullfaktoren für Flüchtlinge, auch
die EU-Länder im Süden und Osten des Schengen-Raums,
die das System seit je her bewusst aushebeln. Die Spitze des

Eisbergs: In den Fällen, in denen das Dublin-System funktioniert, hat es unterm Strich die Anzahl der in Deutschland lebenden Flüchtlinge erhöht, statt sie zu reduzieren.

Aber betrachten wir zunächst die dysfunktionalen Aspekte des Dublin-Systems. Es gibt *fünf Gründe* dafür, warum das System nie wirklich funktioniert hat: Der wichtigste ist, dass die meisten anderen EU-Staaten, insbesondere Italien und Griechenland, verständlicherweise nie ein Interesse am Durchsetzen dieses Systems hatten. Denn durch ein funktionierendes Dublin-System wären ankommende Asylsuchende z. B. in Italien und Griechenland geblieben, statt nach Deutschland weiterzureisen oder wären von Deutschland in diese Länder zurückgeschickt worden. Die ungarische Regierung lehnte im Jahr 2015 sogar offiziell die Rücküberstellung von Flüchtlingen nach dem Dublin-Abkommen in ihr Land ab.

Aus diesem Grund wurde ein Großteil der Flüchtlinge z. B. in Italien und Griechenland gar nicht erst registriert, das heißt, es wurden oft keine Fingerabdrücke genommen und ins EURODAC-System eingespeist, wie es eigentlich die Pflicht dieser Staaten wäre. Diese Praxis ist im gesamten zurückliegenden Jahrzehnt zu beobachten, nicht erst seit 2015.

Der zweite Grund, warum das Dublin-System insbesondere mit Blick auf Italien nicht funktioniert, ist folgender: Flüchtlinge, die nach Deutschland weiterreisen wollten, wurden in Italien von der Polizei nicht aufgehalten[79]. Im Gegenteil: Vielen der nicht registrierten Flüchtlinge wurde in Italien von den Behörden ein Bus- oder Bahnticket oder sogar Bargeld ausgehändigt und sie wurden in einen Bus oder einen Zug nach München oder sonstwo in Deutschland gesetzt. Die deutschen Medien haben diesen Umstand so gut es ging ausgeblendet, und auch in der Politik spielte dieses offene

Geheimnis nie eine wesentliche Rolle. Der Sender NTV dagegen schrieb als einer der wenigen schon im Jahr 2013:

> *Das Bundesinnenministerium hatte bereits im März die Ausländerbeauftragten der Länder darüber informiert, dass Italien Flüchtlingen bis zu 500 Euro zahle, wenn sie das Land verließen. Außerdem würden ihnen Fremdenpässe und jeweils drei Monate gültige Aufenthaltstitel für das gesamte Schengen-Gebiet ausgestellt – also für jene europäischen Länder, zwischen denen es keine Grenzkontrollen mehr gibt.*«[80]

Flüchtlinge bekamen in Italien Geld, damit sie nach Deutschland weiterreisten? Das kann ich mir nicht vorstellen! Das wäre doch ein Skandal!

Wenn man dies zum ersten Mal hört, mag es einem unglaubwürdig erscheinen. Ich selbst habe aber Flüchtlinge kennengelernt, denen genau das passiert ist und mit vielen Polizisten, BAMF-Mitarbeitern und Kollegen aus der Ausländerbehörde gesprochen, die ein solches Vorgehen der italienischen Behörden bestätigt haben.

Viele der Flüchtlinge in Italien, die nicht in einem Zug oder Bus nach Deutschland gereist sind, sind dort übrigens ohne Obdach und nicht registriert oder verdingen sich als Tagelöhner in Schwarzarbeit, und auch das ist so gewollt. Es ist von der jetzigen italienischen Regierung ebenso gewollt wie von den vielen Vorgängerregierungen der letzten Jahre. Dadurch, dass viele Flüchtlinge in Italien kein festes Dach über dem Kopf haben und sich als illegale Tagelöhner durchschlagen müssen, ist sichergestellt, dass ein hoher Auswanderungsdruck in Richtung Deutschland erhalten bleibt.

*Na ja, Italien ist ja auch kein so reiches Land und
wäre sonst mit den vielen Flüchtlingen überfordert,
oder?*

Zuweilen wird in die Debatte eingeworfen, Italien sei ein armes Land und wäre ohne dieses Handeln mit den vielen ankommenden Flüchtlingen überlastet. Und wenn das Dublin-System von allen EU-Staaten strikt eingehalten würde, wäre Italien vielleicht tatsächlich überfordert. Aber das ist ja nicht der Fall. Und wenn auch Italiens Staatshaushalt überschuldet ist, ein besonders armes Land ist es sicher nicht.

2016 betrug das reale Bruttoinlandsprodukt (BIP) pro Einwohner in Italien 26.020 Euro, in Deutschland 34.061 Euro.[81] (Zum Vergleich: Das reale BIP in Estland lag zu dieser Zeit bei 13.730 Euro, das der Slowakei bei 14.550 Euro.) Und bei den Privatvermögen liegt Italien sogar noch vor Deutschland. Italien ist also kein so armes Land und die italienische Volkswirtschaft wäre durchaus in der Lage, die Mittel bereitzustellen, um Flüchtlinge im Land, menschenwürdig zu versorgen. Die italienischen Behörden wären auch ohne Weiteres fähig, die Flüchtlinge zu registrieren. Sie tun das aber bewusst nicht immer, aus Sorge, deren Weiterreise in andere EU-Staaten zu verhindern.

Über Griechenland sind bis 2016 die meisten Flüchtlinge nach Deutschland weitergereist, auch dort mit Billigung der Regierung. Erst nachdem die anderen Länder auf der »Balkanroute« ihre Grenzen für Flüchtlinge geschlossen haben, stieß diese Praxis an seine Grenzen. Seitdem sieht man in den deutschen Nachrichten regelmäßig Bilder von frierenden und durchnässten Flüchtlingen in Notunterkünften auf Lesbos und anderen griechischen Inseln.

*Wenn ich die schrecklichen Bilder der Flüchtlinge
in Moria sehe, denke ich sofort: Denen müssen wir
doch helfen!*

In griechischen Flüchtlingslagern war die Situation schon vor dem Herbst 2015 so menschenunwürdig, dass Rückführungen von Dublin-Fällen nach Griechenland, nach einem entsprechenden Urteil des Europäischen Gerichtshofs für Menschenrechte im Jahr 2011, von anderen EU-Ländern gar nicht mehr angestrengt wurden.

Nun ist Griechenland, Staatsschulden hin oder her, ein kultivierter, zivilisierter und keineswegs ärmster Mitgliedsstaat der EU, und die Flüchtlingszahlen pro Kopf der Bevölkerung dort sind deutlich niedriger als in Deutschland. Zusätzlich bekam der griechische Staat bis Mitte 2020 2,9 Milliarden Euro (!) an Fördermitteln der EU, um die Flüchtlinge in den Hotspots zu versorgen und zu registrieren. Und die Zahl der wöchentlich neu ankommenden Flüchtlinge auf den Inseln ist seit 2016 sehr gering[82], die griechischen Behörden könnten deren Asylanträge problemlos zeitnah verarbeiten.

Angesichts dieser Fakten kommen wir zu dem Schluss: Den Flüchtlingen in diesen Lagern geht es nicht deshalb so schlecht, weil der griechische Staat nicht in der Lage wäre, sie menschenwürdig zu versorgen oder über ihren Wunsch nach Asyl zu entscheiden, sondern weil er das nicht will. Denn dadurch, so die Hoffnung, könne man weitere Flüchtlinge davon abhalten, über die Türkei nach Griechenland einzureisen und sich hier zu »stauen«, da die Weiterreise in andere EU-Länder über die »Balkanroute« abgeschnitten ist. Auch Gerald Knaus kommt in seiner Analyse der griechischen Flüchtlingspolitik und der unmenschlichen Zustände in den Flüchtlingslagern der Ägäis zu dem Schluss: »Das, was auf den Inseln passierte, war gewollt.«[83]

Es ist eine kalte und zynische Logik, aber wenn das Ziel der Abschreckung verfolgt wird, funktioniert sie einigermaßen. Bezeichnenderweise war die griechische Regierung nach dem Brand in Moria 2020 wenig begeistert von dem Angebot Deutschlands, 1553 nun obdachlos gewordene Flüchtlinge von dort aufzunehmen. Denn dadurch würde zweierlei passieren: Zum einen würde der Leidensdruck der auf Lesbos gestrandeten Flüchtlinge entschärft, zum anderen könnten Flüchtlinge in anderen Camps auf griechischen Inseln dazu ermuntert werden, ebenfalls Brände zu legen, um ihrem Elend zu entkommen. Es war eine für alle Seiten schwierige Situation, für Deutschland, für Griechenland, insbesondere aber für die Flüchtlinge, deren Lebensumstände in Griechenland sich weiterhin nicht verbesserten.

Der dritte Grund, warum das Dublin-System schon immer dysfunktional war, ist der, dass jede einzelne Dublin-Rückführung von den Ausländerbehörden einzeln mit den Transitländern verhandelt und verabredet werden muss. Wenn das Transitland, z. B. Italien, eine Rückführung ablehnt, verhindert oder verzögert, dann kommt diese eben nicht zustande. Das geschieht z. B., wenn formale Hürden für die Rückführung aufgebaut werden, geforderte Ankunftszeiten in Italien eine Rückführung aus Deutschland unmöglich machen oder wenn der Prozess durch zögerliche Bearbeitung so lange verschleppt wird, bis Deutschland nach Ablauf der 6-Monatsfrist doch wieder zuständig für das Asylverfahren ist.

Selbst in den wenigen Fällen, wo deutschen Behörden ein in einem anderen EU-Land registrierter Flüchtling auffällt und ein Dublin-Übernahmeersuchen gestellt wird, können die Transitländer die Rücknahme ablehnen. Im Jahr 2016 taten die Transitländer genau das in 20.994 Fällen. So wurde im Jahr 2016 nur bei etwas mehr als der Hälfte der deutschen Übernahmeersuchen durch das Transitland zugestimmt (29.274 Fälle, siehe Abb. 5).

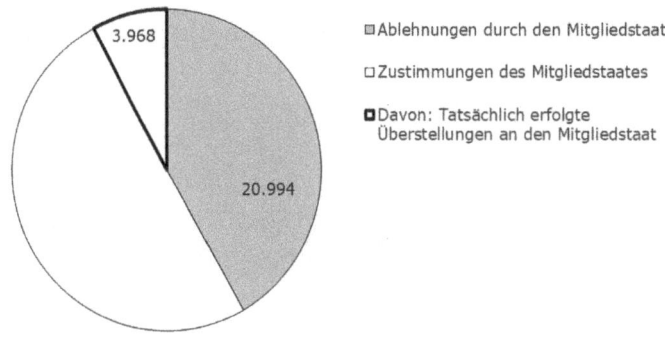

3.968

20.994

☐ Ablehnungen durch den Mitgliedstaat

☐ Zustimmungen des Mitgliedstaates

◼ Davon: Tatsächlich erfolgte
Überstellungen an den Mitgliedstaat

**Abb. 5: Deutsche Überstellungen aus dem Dublin-System
in andere EU-Staaten 2016**

*Eigene Darstellung. Quelle: Bundesamt für Migration und Flücht-
linge (BAMF), 2017 ff.: Das Bundesamt in Zahlen 2016. Asyl, Migration und Integration. https://www.bamf.de/SharedDocs/Anla-
gen/DE/Statistik/BundesamtinZahlen/bundesamt-in-zahlen-2016.
html?nn=284738*

Das vierte Problem des Dublin-Systems ist die praktische
Umsetzung von Rückführungen, die ähnlich ablaufen wie
eine Abschiebung. Oft sind die betroffenen Personen am Tag
der Rückführung nicht anzutreffen, plötzlich erkrankt, ver-
letzen sich selbst oder entziehen sich anderweitig der Rückführung. Häufig wird diese auch noch im letzten Moment
durch juristische Kniffe von Rechtsanwälten ausgehebelt
oder zumindest hinausgezögert. Manchmal verstreichen
durch diese Verzögerungen die sechs Monate, während
derer nach Dublin-Abkommen ein Flüchtling wieder in das
Erstaufnahmeland zurückkehren muss, sodass Deutschland
zuständig für die Durchführung des Asylverfahrens wird.
Deshalb wurden im Jahr 2016 von den über 50.000 Fällen

nur 3.968 Personen tatsächlich rückgeführt. Das sind gerade einmal 7.1 % aller festgestellten Dublin-Fälle in dem Jahr. Und in den Vorgänger- und Nachfolgejahrgängen sieht es ähnlich aus.

Okay, vielleicht funktioniert das Dublin-System nicht perfekt. Aber unterm Strich entlastet es Deutschland ja schon, oder?

Der Witz ist: Selbst da, wo das Dublin-System funktioniert, entlastet es Deutschland nicht. Es gab viele Jahre, in denen Deutschland durch Rücküberstellungen von Dublin-Fällen aus anderen Ländern mehr Personen aufgenommen hat, als Deutschland über dieses System verlassen haben (sic!). Und das, obwohl Deutschland ein Binnenland ist. Im Jahr 2016 z. B. hat Deutschland 12.091 über das Dublin-System zurückgeführte Personen wieder aufgenommen, also mehr als dreimal so viele wie die 3.968 Flüchtlinge, die über das Dublin-System Deutschland verlassen haben (siehe Abb. 6).

Auch im Jahr 2017 hat Deutschland über das Dublin-System mehr Flüchtlinge aufgenommen als abgegeben. Zwar gab es auch Jahre, in denen Deutschland umgekehrt mehr Flüchtlinge über das Dublin-System in andere Staaten abgeben konnte, als es über dieses System aufgenommen hat. In der Summe der Jahre zwischen 2014 und 2019 jedoch hat Deutschland eindeutig nicht vom Dublin-System profitiert: Die Anzahl der tatsächlichen Rücküberstellungen nach Deutschland (39.819 Fälle) überstieg die Anzahl der tatsächlichen Überstellungen ins EU-Ausland (37.071 Fälle)[84]. Nach meiner Kenntnis und Recherche wurde dieser Umstand nie in den größeren Nachrichtensendungen oder Zeitungen thematisiert. Stattdessen wurde das Dublin-System immer wieder herangezogen, um Deutschland vorzuwerfen, es profitiere davon, obwohl das nicht der Wahrheit entspricht.

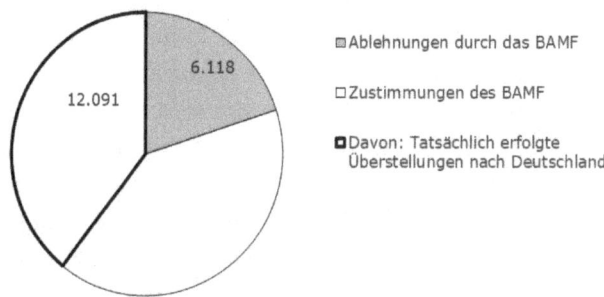

Abb. 6: Überstellungen aus dem Dublin-System nach Deutschland 2016

Eigene Darstellung. Quelle: Bundesamt für Migration und Flüchtlinge (BAMF), 2017 ff.: Das Bundesamt in Zahlen 2016. Asyl, Migration und Integration. https://www.bamf.de/SharedDocs/Anlagen/DE/Statistik/BundesamtinZahlen/bundesamt-in-zahlen-2016. html?nn=284738

Das ist verrückt! Das System, das genutzt wird, um Deutschland vorzuwerfen, es ruhe sich darauf aus, entlastet Deutschland also gar nicht?

Warum ausgerechnet das Dublin-Abkommen von einer Vielzahl von Journalisten bemüht wird, um der deutschen Regierung Trittbrettfahrerei und moralische Defizite vorzuwerfen, bleibt rätselhaft. Ein klassisches Beispiel für diesen Vorwurf ist ein Bericht der Sendung MONITOR in der ARD am 23. 5. 2019, der mit folgenden Sätzen beginnt:

>*Gerechtigkeit, Solidarität und Menschenrechte,*
dafür will die Europäische Union vor allem stehen.
Dabei hapert es beim Thema Menschenrechte
erheblich, insbesondere wenn es um die
Flüchtlingspolitik geht. Nach geltendem Recht
müssen Flüchtlinge in das Land zurück, in
dem sie erstmals registriert wurden. Deshalb
schickt Deutschland die meisten sogenannten
Dublin-Flüchtlinge gerade nach Italien. Dort
angekommen, droht ihnen allerdings bitteres
Elend. Viele landen auf der Straße, weil Italien
ihnen das Nötigste zum Überleben verwehrt.«[85]

Dass Deutschland »die meisten Dublin-Flüchtlinge nach Italien« schicke, ist dabei eine Verdrehung der Tatsachen, wie man anhand der offiziellen Zahlen des BAMF leicht erkennen kann. In dem gleichen MONITOR-Beitrag werden dann die menschenunwürdigen Verhältnisse angeprangert, unter denen Flüchtlinge in Italien leben müssen:

>*Borgo Mezzanone im Süden Italiens – hier*
am Stadtrand sind etwa tausend Geflüchtete
gestrandet, in diesem informellen Camp, das
einige nur »den Slum« nennen. Drehen ist hier
nicht erwünscht. Es gibt keine Toiletten, kaum
fließendes Wasser. Die Holzhütten hier haben
sie sich selbst zusammengezimmert. Sie leben
hier, um auf den Feldern Arbeit zu finden.
Nicht weit vom Camp entfernt stoßen wir auf
Noraini aus Ghana – er zeigt uns sein Obdach.
Ein Zelt im Matsch – es regnet seit Tagen.«

Und dann passiert in dem Beitrag etwas Interessantes: MONITOR zieht nicht etwa den Schluss, dass Italien sich endlich besser um die im Land lebenden Flüchtlinge kümmern sollte. Stattdessen kritisiert das Recherchemagazin, dass Deutschland überhaupt Dublin-Fälle nach Italien zurückschicke:

> *»Der Sprecher von ›Ärzte ohne Grenzen‹ fordert*
> *Deutschland auf, diese Realität in Italien*
> *zur Kenntnis zu nehmen, in die Flüchtlinge*
> *zurückgeschickt werden. Marco Bertotto,*
> *Ärzte ohne Grenzen, Italien: ›Ich denke, die*
> *deutschen Behörden haben die Verantwortung,*
> *bevor sie die Entscheidung treffen, sich*
> *darüber klar zu sein, wie die Bedingungen des*
> *Unterbringungssystems in Italien sind. Das ist ihr*
> *Teil der Verantwortung.‹ Deutschland aber schickt*
> *jedes Jahr mehr Flüchtlinge nach Italien zurück.«*

Herrn Bertotto gelingt hier ein sonderbares Kunststück, nämlich die Verantwortung für das kalkulierte Elend von Flüchtlingen in Italien deutschen Behörden in die Schuhe zu schieben. Schließlich wird Prof. Thomas Giegerich von der Universität des Saarlandes mit den Worten zitiert:

> *»Wenn wir eine Gesetzeslage haben in Italien,*
> *die dazu führt, dass Hunderte oder Tausende*
> *Asylbewerber in die Obdachlosigkeit, ins*
> *menschenwürdewidrige Existieren geschickt*
> *werden, dann darf Deutschland solche*
> *Personen nicht mehr nach Italien rückführen,*
> *bis die Lage in Italien sich ändert.«*

Eine solche Perspektive ist typisch für die Berichterstattung zu diesem Thema in Deutschland. Sie wird ständig wiederholt, aber selten hinterfragt. Die deutschen Behörden, die versuchen, europäisches Recht anzuwenden, werden eher als Täter denn als Opfer innerhalb des Dublin-Systems hingestellt. Eine solche Berichterstattung ist Wasser auf den Mühlen der italienischen Regierung, die nach der Logik handelt: »Wenn die Lebensumstände für Flüchtlinge in unserem Land weiter schlecht bleiben, ziehen diese nach Deutschland weiter und bleiben dort.« Bislang hat diese Methode Erfolg, wie die tatsächlichen Flüchtlingszahlen belegen.

Schließlich ist aber noch ein fünfter Faktor zu nennen, der das Dublin-System zum Scheitern verurteilt: Wenn es den deutschen Behörden tatsächlich mal gelungen sein sollte, eine Person über das Dublin-Verfahren z. B. nach Italien zurückzubefördern, erwartet diese dort, wie beschrieben, meist die Obdachlosigkeit. Aber kein Schlagbaum hindert sie an der Wiedereinreise nach Deutschland. Das Resultat: Oft steht innerhalb von wenigen Wochen der kurz vorher rückgeführte Flüchtling erneut bei einer deutschen Landesaufnahmebehörde vor der Tür, um die Bitte nach Asyl anzumelden. Und dann geht das gesamte, für alle beteiligten Behörden sehr arbeits- und zeitaufwendige Rückführungsverfahren wieder von vorne los.

Die erneute Wiedereinreise des Flüchtlings ist subjektiv durchaus nachvollziehbar, weil die Lebensverhältnisse für Geflüchtete in den meisten anderen EU-Ländern eben deutlich schlechter sind als in Deutschland. Für den Staat sind die Kosten dieses unter dem Strich wirkungslosen Hin- und Herschiebens von Menschen innerhalb Europas jedoch leider sehr hoch und für die beteiligten Beamten der Polizei und der Ordnungsämter sehr belastend.

Im Ergebnis bedeutet all dies: Für Deutschland hat das Dublin-System mehr Zuwanderung als Abwanderung gebracht. Deshalb kann Deutschland nicht vorgeworfen werden, es habe sich auf diesem System ausgeruht.

Italien und andere Länder, die von Deutschland mehr Solidarität fordern, sabotieren seit vielen Jahren erfolgreich das Dublin-System, überlassen einen Großteil der Flüchtlinge auf ihrem Territorium dem Elend oder reichen diese nach Deutschland durch. Dadurch halten sich in diesen Ländern deutlich weniger Flüchtlinge pro Kopf der Bevölkerung auf als in Deutschland.

Wenn beim Flüchtlingsthema zu Solidarität unter den EU-Mitgliedsstaaten aufgerufen wird, müssten fast alle EU-Länder beginnen, Deutschland zu entlasten und nicht umgekehrt. Deutschland hat deutlich mehr Flüchtlinge aufgenommen als jedes andere größere EU-Land, sowohl in absoluten Werten als auch prozentual. Und es gibt auch mehr Geld für die Versorgung und Integration dieser Flüchtlinge aus.

Wenn das wirklich so wäre, warum prangert die Bundeskanzlerin das nicht gegenüber ihren Kollegen im EU-Rat an, sondern geht noch auf sie zu?

Die deutsche Bundeskanzlerin verfolgt im Verhältnis zu anderen Staatenlenkern einen sehr konstruktiven, nüchternen und diplomatischen Kommunikationsstil. Ihre Geduld und ihr Gleichmut wirken manchmal geradezu stoisch. Über einen Besuch bei Wladimir Putin im November 2012 sagte sie mal: »Wenn ich da immer gleich eingeschnappt wäre, könnte ich keine drei Tage Bundeskanzlerin sein.« Im gleichen Duktus verfährt Angela Merkel auch mit ihren EU-Kollegen in der Flüchtlingspolitik. Wie eine besonnene Mutter wirkt die Kanzlerin, wenn sie versucht, die profilierungssüchtigen und auf Eigennutz bedachten Jungs aus der Nachbarschaft mit Ruhe und Sachlichkeit zur Vernunft zu bringen. Das hat, zumindest in der Kindererziehung, mehr Aussicht auf Erfolg als nur zu schimpfen. So kennen die Deutschen ihre Kanzlerin, das ist ihr Markenzeichen und manchmal schwer zu ertragen. Sie brüstet sich weder mit der Aufnahme vieler Flüchtlinge noch hält sie das Ungleichgewicht in der Verteilung von

Flüchtlingen anderen EU-Staaten vor, noch reagiert sie auf ungerechtfertigte Vorwürfe. Stattdessen sucht sie pragmatisch nach europäischen Lösungen wie z. B. einen besseren Schutz der Außengrenzen oder Rücknahmeabkommen mit Drittstaaten. Das könnte ihr hoch angerechnet werden.

Dennoch werden der deutschen Bundesregierung mit Blick auf die Mittelmeerstaaten oft moralische Defizite vorgehalten. Die Rhetorik, Deutschland ruhe sich auf dem Dublin-System aus, ist zwar eine oft wiederholte, aber leider völlig inhaltsleere. Das Gegenteil ist der Fall. Deutschland ist beim Flüchtlingsthema das inzwischen einzige Land der EU, das klaglos Flüchtlinge aufnimmt, sich vom dysfunktionalen Dublin-System noch weitere Flüchtlinge zuweisen lässt und dennoch, zum Teil zynische, Vorwürfe ost- und südeuropäischer Regierungschefs hinnimmt, die sich vor der eigenen Bevölkerung mit Härte gegenüber Flüchtlingen profilieren wollen.

Aber weshalb beschweren sich die Regierungschefs anderer EU-Länder dann bei Deutschland in Sachen Flüchtlingspolitik?

Die Regierungschefs anderer EU-Länder beschweren sich auch deshalb, weil sie einen besonderen Umkehrschluss ziehen: Sie behaupten, das »Flüchtlingsproblem« bestünde in Europa überhaupt nur *wegen* der Deutschen. Das klingt erst mal komisch, aber die Logik dahinter ist diese: Weil Deutschland so viele Flüchtlinge »anlocke«, kämen so viele über das Mittelmeer. Ohne die flüchtlingsfreundlichen Deutschen bestünde das Problem gar nicht. Aus ihrer Sicht wollen die meisten Flüchtlinge nicht nach Europa, sondern nach Deutschland. Damit haben sie ja sogar recht. Und mit Blick auf die im eigenen Land zum Teil deutlich höhere Arbeitslosigkeit war in vielen dieser Länder die Sorge vor weiterer

Zuwanderung in den heimischen Arbeitsmarkt oder die Sozialsysteme größer als in Deutschland.

Der ungarische Ministerpräsident Viktor Orbán brachte zum Höhepunkt der Flüchtlingskrise am 3. September 2015 diese Haltung auf den Punkt, als er in Brüssel sagte: »Das Problem ist kein europäisches Problem. Das Problem ist ein deutsches Problem.«[86]

Auch ist das Selbstverständnis der übrigen EU-Länder ein anderes als das von Deutschland. Die Deutschen, mit ihrer Geschichte des Nationalsozialismus, mögen 2015 das neue Selbstverständnis des »humanitären Helfers« auch mit der Aussicht auf ein Stück Befreiung von dieser historischen Last verbunden haben. Für die übrigen EU-Länder gab es eine solche Sehnsucht nach Reinwaschung jedoch nicht. Betrachten wir das Thema durch diese Brille, erscheint auch das deutsche Drängen auf eine gleichmäßigere Verteilung von Flüchtlingen innerhalb Europas in einem neuen Licht. Die Regierungschefs anderer EU-Staaten denken: »Erst laden die Deutschen Flüchtlinge zu sich ins Land ein, um sich besser zu fühlen und dann fordern sie von den Nachbarländern, dass wir ihnen diese Menschen abnehmen!«

Dieses Bild hängt natürlich schief. Dass die deutsche Regierung Flüchtlinge nicht eingeladen hat, ins Land zu kommen, wurde im zweiten Kapitel bereits erläutert. Es ist eher das dichte soziale Netz, das deutsche Asylsystem und die Arbeitsmöglichkeiten, die für Flüchtlinge attraktiv sind. Aber das geht in der Debatte leider völlig unter.

Meinetwegen, dann braucht Deutschland also kein schlechtes Gewissen gegenüber den anderen EU-Staaten zu haben. Aber was ist mit der Türkei? Die hat doch noch weit mehr Flüchtlinge aufgenommen als Deutschland. Und die Türkei ist nun wirklich deutlich ärmer.

Auch bezüglich der Türkei kursieren viele irreführenden Behauptungen in der Öffentlichkeit. Zum einen wird richtigerweise bemerkt, dass die Türkei viel mehr Flüchtlinge aufgenommen habe als Deutschland, nämlich ca. drei Millionen[87]. Dabei wird jedoch stets unterschlagen, dass Flüchtlinge in der Türkei bis 2016 weder Zugang zum Gesundheitssystem, zu Schulen noch zum Arbeitsmarkt hatten. Sozialleistungen für die Flüchtlinge muss der türkische Staat bis heute kaum aufwenden und viele Flüchtlingslager auf türkischen Boden werden vom UNHCR unterstützt. So etwas wie »Hartz IV« oder echte gesellschaftliche Teilhabe suchen Flüchtlinge auf türkischem Boden vergebens. Fast alle Bewohner unseres Camps in Visselhövede, die ich kennengelernt habe, hatten mehrere Wochen oder Monate in der Türkei zugebracht. Die schlechten Lebensbedingungen dort, die Perspektivlosigkeit, die Ignoranz staatlicher Stellen ihnen gegenüber sowie z. T. auch die Verachtung aus der Bevölkerung waren wesentliche Gründe dafür, dass sie von dort nach Europa weiterzogen. Flüchtlinge in der Türkei durften dort bislang vor allem eines: ihr mitgebrachtes Geld ausgeben. Für die Türkei dürften die Flüchtlinge im Land unter dem Strich vielleicht sogar eher einen volkswirtschaftlichen Nutzen darstellen …

… und einen politischen. Denn es war mehrfach erkennbar, dass der türkische Präsident Erdoğan die im Land lebenden Flüchtlinge unter anderem als Erpressungspotenzial für politische Forderungen gegenüber der EU nutzt[88]. Dies trat im Winter 2019/2020 klar zutage, als er das Flüchtlingsabkommen mit der EU kündigte, Menschen mit Bussen an den griechischen Grenzzaun bringen ließ und dort zu Demonstrationen animierte. Dass er hiermit Unterstützung für die türkische Position im Syrienkrieg erpressen wollte, war nur allzu durchschaubar.

An der deutschen Öffentlichkeit jedoch scheinen viele dieser Zusammenhänge unbemerkt vorbeizugehen. Stattdessen hört man immer wieder in den öffentlichen Debatten, dass Deutschland die Türkei wie auch die Mittelmeerstaaten der EU bei der Aufnahme von Flüchtlingen unterstützen müsse. Damit wird suggeriert, diese »armen« Länder kümmerten sich um viel mehr Flüchtlinge als Deutschland, obwohl sie dazu wirtschaftlich kaum in der Lage wären. Das aber ist ebenso ein populärer Irrglaube wie die Zuschreibung, Deutschland habe sich lange Zeit »hinter dem Dublin-System versteckt« oder von diesem profitiert.

Nur selten wurde in den Medien das Versagen von Dublin III und das Durchreichen von Flüchtlingen in Mittelmeerstaaten halbwegs korrekt dargestellt, wie 2016 auf Tageschau online:

> *»Richtig ist, dass sich viele Staaten nicht*
> *an die Dublin-III-Verordnung halten und*
> *die Flüchtlinge nicht registrieren und nicht*
> *das Asylverfahren durchführen, obwohl sie*
> *eigentlich zuständig wären. Stattdessen werden*
> *sie einfach durch ihr Land geschleust.«*[89]

Elevator Pitch:

Deutschland hat von den Dublin-Regeln nicht profitiert, auch wenn ihm das oft vorgeworfen wird. Wenn eine möglichst gleichmäßige Aufnahme von Flüchtlingen innerhalb der EU angestrebt wird, ist es angesichts der tatsächlichen Zahlen von aufgenommenen Flüchtlingen nicht an Deutschland, andere EU-Länder zu entlasten. Stattdessen könnte von anderen EU-Ländern, welche deutlich weniger Flüchtlinge aufgenommen haben als Deutschland, welche Flüchtlinge zur Weiterreise nach Deutschland animieren und welche seit vielen Jahren das Dublin-System sabotieren, mehr Solidarität mit Deutschland verlangt werden. Dies schließt auch die Mittelmeerstaaten Italien und Griechenland ein.

Einige Dorfbewohner meinten, es würde den Zorn der Götter hervorrufen, wenn man versuchte, das Wasser in Kanälen auf die Felder zu leiten.

Deutschland – alternativlos

Auf einem meiner Workshops im Jahr 2016 diskutierte ich mit Mitgliedern einer Initiative für Flüchtlingshilfe die Frage der Integration. Eine pensionierte Lehrerin traf dabei die irritierende Feststellung:

> *Einen ausgeprägten Integrationswillen dürfen wir bei den Flüchtlingen nicht erwarten. Die sind ja schließlich nicht freiwillig hier.*

Das machte mich nachdenklich. Ich würde der Einschätzung zustimmen, dass die meisten Flüchtlinge wahrscheinlich nicht freiwillig ihr Zuhause verlassen haben. Meine Freunde Samer, Hussam, Mohannad, Saif und Abadi[90] sind vor Krieg, politischer Verfolgung, Erpressung durch Milizen, Entzug der wirschaftlichen Lebensgrundlagen und Bedrohung durch die Taliban aus ihrer Heimat geflohen. Die meisten Fluchtgeschichten, die ich in den letzten Jahren gehört habe, deuten darauf hin, dass stets eine gewisse Not oder Bedrohung dahinтersteckt, sonst wäre es ja auch keine Flucht, sondern eine Ausreise. Aber bedeutet das, dass Flüchtlinge grundsätzlich nicht freiwillig in Deutschland sind? Dass es gar kein anderes Zielland gegeben hätte?

Deutschland ist ohne Frage ein tolles Land. Es hat eine funktionierende Wirtschaft, Wohlstand, Demokratie, Meinungsfreiheit und schöne Landschaften. Es gibt ein hervorragendes Gesundheitssystem, wenig Korruption, ein gutes

Bildungssystem, ein dichtes soziales Netz. Die Deutschen bauen hervorragende Autos und Maschinen und können in Rekordzeit neue Impfstoffe gegen eine Pandemie erfinden. Über das Essen wollen wir an dieser Stelle nicht reden.

Die Deutschen haben aus ihrer Geschichte gelernt, haben eine tief verwurzelte Abneigung gegen Faschismus und sind darauf bedacht, gegenüber dem Ausland nicht überheblich aufzutreten. Deutschland wird sogar regelmäßig zu den beliebtesten Ländern der Welt gewählt, auch wenn viele Deutsche das gar nicht glauben können. Wenn man mich fragt, in welchem anderen Land ich lieber leben würde, würde mir kaum eines einfallen. Außer Schweden vielleicht, auch wenn nach meinen persönlichen Erfahrungen das dortige Gesundheitssystem wirklich überschätzt wird. Und das Essen ist dort auch nicht besser. Österreich ist auch ein sehr schönes Land, sagt meine Lektorin, mit sehr gutem Essen, das weiß ich von unseren Wandertouren.

In Deutschland lässt es sich also gut leben. Aber bedeutet das auch, dass Flüchtlinge aus Bürgerkriegsländern gar keine andere Chance hätten, als nach Deutschland zu fliehen? Dass sie zwangsläufig und quasi unfreiwillig in Deutschland gelandet sind? Und dass man deshalb keinerlei Ansprüche an sie stellen dürfte?

Wenn wir uns das Fluchtgeschehen der Hauptherkunftsländer Syrien, Afghanistan, Irak, Eritrea und Somalia ansehen, dann können wir Folgendes feststellen: Die meisten Flüchtlinge dort flüchten in Orte innerhalb ihres Landes und nicht ins Ausland. Das hat damit zu tun, dass die eigenen Mittel und somit die Mobilität begrenzt sind und sie in diesen Orten vielleicht bereits persönliche Anknüpfungspunkte durch Verwandte oder Freunde haben. In Syrien z. B. flohen etwa sieben Millionen in Orte innerhalb des Landes. Mehr als sechs Millionen Syrer flohen ins Ausland, von diesen blieben 87 % in direkten Nachbarländern.[91]

Auch in anderen Regionen lässt sich beobachten, dass

die meisten Flüchtlinge, die ihr Land verlassen, in direkte Nachbarländer fliehen, sofern diese eine ähnliche Sprache und Kultur wie das Heimatland aufweisen und die Einreise von Flüchtlingen möglich ist. Für Afghanistan sind dies z. B. der Iran oder Pakistan, für Syrien sind es der Libanon, die Türkei und Jordanien.

Die Lebensverhältnisse für Flüchtlinge in den Herkunftsländern oder deren direkten Nachbarländern sind oft schlecht, insbesondere in den dortigen Flüchtlingslagern. Aber der unmittelbaren Gefahr für Leib und Leben sind diese Menschen entkommen, ihre Grundbedürfnisse sind, zumindest in den meisten Flüchtlingslagern, gedeckt. Die dennoch harten Verhältnisse üben nun auf viele einen gewissen Druck aus weiterzuwandern, um die Lebensverhältnisse für sich und ihre Familien weiter zu verbessern. So war es etwa bei Hussam, dessen Familie in der Türkei keine wirtschaftlichen Perspektiven hatte und die als Syrer von ihrem Umfeld diskriminiert wurden. Es gibt stets die im zweiten Kapitel beschriebenen Push- und Pullfaktoren für eine Migration: Die Verfolgung, der Krieg oder die schlechten Lebensverhältnisse im Status quo als Pushfaktoren und die besseren Lebensverhältnisse anderswo als Pullfaktoren.

Deutschland liegt ca. 3.000 Kilometer von Syrien entfernt, von Afghanistan oder Somalia noch weiter. Die Flucht nach Deutschland ist für die meisten Flüchtlinge immens teuer. Nach den Berichten von mehreren Flüchtlingen, die ich kennengelernt habe, musste in Summe meist ein Betrag zwischen 2.000 und 6.000 Euro an die verschiedenen Schlepper bezahlt werden, die einen bis zum Ende der Balkanroute in Ungarn oder Kroatien geleiteten. Insbesondere für Flüchtlinge aus Afghanistan, Somalia oder anderen besonders armen Ländern ist dies eine enorm hohe Summe, für die oft die gesamte Familie jahrelang sparen musste. Mit einem solch hohen Geldbetrag ließe sich in der Heimat der Flüchtlinge einiges auf die Beine stellen. Noch dazu ist die

Flucht auch unmittelbar gefährlich für die Menschen. Viele Flüchtlinge aus Afrika landen in Lagern in Libyen, in denen sie wie Sklaven gehalten oder gegen Lösegeld verkauft werden. Andere ertrinken im Mittelmeer, erkranken auf der Reise, werden Opfer sexueller Gewalt oder ihnen geht einfach das Geld aus.

Flüchtlinge geben also in der Regel viel angespartes Geld aus und gehen ein hohes persönliches Risiko ein, um nach Deutschland zu kommen. Einem Land mit vielen Vorteilen, die oben beschrieben sind. Aber auch einem Land, das …

- christlich bzw. atheistisch geprägt ist,
- in dem (vielleicht neben Polen, Ungarn und Finnland) eine der schwierigsten und komplexesten Sprachen Europas gesprochen wird,
- in dem das Klima feucht und kühl ist, also sehr gegensätzlich zum Klima der Herkunftsländer,
- in dem die kulturellen Unterschiede zum arabischen, persischen oder schwarzafrikanischen Kulturkreis gravierend sind
- und das Essen … Nur so viel: Bei vielen Arabern ist der Spitzname für die Deutschen »Kartoffeln«.

Dies alles bringt mich zu der Überzeugung, dass es etwas gewagt wäre, zu behaupten, dass die vielen Flüchtlinge allesamt nicht freiwillig in Deutschland sind. Sie sind immerhin in ein Land gezogen, das sehr weit weg liegt und kulturell kaum unterschiedlicher zur persischen oder arabischen Heimat sein könnte. Aber sie sind in ein Land gezogen, welches im internationalen Vergleich sehr gute materielle Lebensbedingungen und Perspektiven für Flüchtlinge bietet.

Es ist keine geographische, kulturelle oder religiöse Nähe, die es für Flüchtlinge aus dem Nahen Osten oder aus Afrika naheliegend erscheinen lässt, nach Deutschland zu kommen. Sie sind hier, weil die materiellen Lebensverhältnisse und

-perspektiven für sie in Deutschland besser sind als im Heimatland oder in Flüchtlingslagern im Nahen Osten oder in der Obdachlosigkeit in Italien. Trotz des eintönigen Essens. Ich selbst hätte mich in ihrer Situation vielleicht ähnlich verhalten und wäre hierhergekommen.

Aber niemand hat die Flüchtlinge gezwungen, ausgerechnet nach Deutschland zu flüchten. Viele andere Staaten in der EU wie auch auf anderen Kontinenten nehmen Flüchtlinge auf und wären als Zielland in Frage gekommen. Die Länder im Nahen Osten hätten geographisch, klimatisch, sprachlich, religiös oder kulturell deutlich nähergelegen als das kalte Germanien. Nur sind die wirtschaftlichen Perspektiven für Flüchtlinge dort meist schlechter als in Deutschland.

Was macht das schon für einen Unterschied, ob Flüchtlinge freiwillig nach Deutschland gekommen sind oder nicht?

Die Frage nach der Freiwilligkeit einer Flucht nach Deutschland ist keineswegs nur eine akademische. Diese Problematik ist von entscheidender Bedeutung für die Debatte rund um das Thema Integration.

Manchmal entwickeln sich in meinen Workshops mit ehrenamtlichen Flüchtlingshelfern Diskussionen darüber, welches Maß an kultureller Integration und Anpassung von Flüchtlingen eingefordert werden darf. Insbesondere vermeintlich religiöse Ausprägungen wie das Kopftuchtragen oder Gesichtsverschleierung, die strikte Einhaltung des Ramadans, die Rolle der Frauen oder die Rollenerwartungen an Töchter und Söhne bergen dabei manchmal ein gewisses Konfliktpotenzial mit den in Deutschland geltenden Werten und Normen. Diese Konfliktpunkte werden von vielen gutmeinenden Flüchtlingshelfern jedoch ausgeblendet. Sie sagen sinngemäß: Man muss (jegliche) Verhaltensweisen der Zuwanderer akzeptieren, denn diese seien ja schließlich nicht freiwillig in Deutschland. Wenn wir uns jetzt aber einig wären, dass die meisten wohl doch mehr oder weniger bewusst Deutschland als Zielland gewählt haben, dürften wir dann nicht mit Fug und Recht Integrationsbereitschaft erwarten?

Die arabischstämmige Zohre Esmaeli ist Botschafterin der Antidiskriminierungsstelle des Bundes und Gründerin der Organisation »Cultural Coaches«. Sie sagte 2017 mit Blick auf die Flüchtlingsbewegung der Vorjahre im SPIEGEL:

> *»Aber wenn die Religion diesen Menschen [den*
> *muslimischen Flüchtlingen, Anm. des Autors]*
> *tatsächlich so wichtig wäre, gingen sie in ein*
> *Nachbarland, nicht ins Land der Ungläubigen.*
> *Die Religion steht also nicht an erster Stelle der*
> *Bedürfnisse. Das erste Ziel ist ein besseres Leben.*
> *(...) Speziell nach Deutschland kommen die*
> *Menschen wegen des guten Sozialsystems.«*[92]

Übrigens, falls Sie sich entrüstet fragen, warum ich in diesem Kapitel etwas auf dem deutschen Essen herumgehackt habe, obwohl es hier doch so viele interessante Gerichte und gute Köche gibt: Waren Sie schon mal bei Syrern zum Essen eingeladen? Diese Leute leben, um zu essen – wie die Franzosen! Das schmeckt man einfach. Wir Deutsche essen nun mal, um zu leben, was man leider auch oft merkt.

Elevator Pitch:

Die meisten Flüchtlinge haben ihre Heimat nicht im Wortsinn »freiwillig« verlassen, sondern wurden durch Krieg, Unterdrückung, Verfolgung, wirtschaftliche Not oder Perspektivlosigkeit dazu gedrängt. Dass viele von ihnen dann aber Deutschland als Zielland gewählt haben, ist nicht auf diese Faktoren zurückzuführen, sondern vor allem auf die guten materiellen Lebensbedingungen für Geflüchtete in Deutschland. Mit Blick auf die Geografie, die Sprache, das Klima, die Kultur und die Religion der meisten Flüchtlinge wären andere Staaten sicher naheliegender gewesen. Insofern haben sich die Flüchtlinge in Deutschland durchaus bewusst für dieses Land als Ziel ihrer Flucht entschieden.

Weil die Furchtsamen in ihren Hütten palaverten, merkten sie nicht, dass der Regen aufgehört hatte. Und sie konnten nicht sehen, wie Jalumba draußen auf den Feldern arbeitete.

Die tun ja nichts, die da oben

Wenn Sie mal Gäste aus dem Ausland haben und ihnen nahebringen wollen, wie lustig die deutsche Sprache ist, schlage ich Ihnen vor, dass Sie langsam und deutlich folgende Begriffe nennen und zum Nachsprechen anregen:

- Asylbewerberleistungsgesetz
- Datenaustauschverbesserungsgesetz
- Asylverfahrensbeschleunigungsgesetz
- Ausländerbeschäftigungsförderungsgesetz

Das alles sind Gesetze, die seit der Flüchtlingskrise von der Bundesregierung eingeführt wurden. Und noch vieles mehr, aber das weiß kaum jemand.

Frau Merkel ist für ihren Kurs in der Flüchtlingspolitik so oft kritisiert worden. Aber warum unternimmt sie denn auch nichts, um die Zuwanderung endlich in geordnete Bahnen zu lenken?

Ich bin bei Diskussionen in meinem beruflichen oder privaten Umfeld immer ziemlich erstaunt, wie der Eindruck entstehen konnte, die Regierung unternehme nichts, um Einwanderung zu begrenzen und zu kanalisieren. Denn tatsächlich gibt es in Deutschland seit 2015 zahlreiche neue Gesetze und Regelungen, um die Zuwanderung einzudämmen, die Zahl von Abschiebungen und freiwilligen Ausreisen zu erhöhen und Integration durch Beschäftigung zu erleichtern.

Bis heute behauptet die AFD, die Bundeskanzlerin sei verantwortlich für eine fortdauernde, grenzenlose Einwanderung von Flüchtlingen nach Deutschland[93]. Die Legende, die Bundesregierung sei in der Flüchtlingspolitik tatenlos, stammt ursprünglich aus den ersten Wochen der Flüchtlingskrise im Sommer und Herbst 2015. Zum einen wurde hier der Tweet des BAMF öffentlich, die Dublin-Regeln bei der Einreise syrischer Flüchtlinge nicht anzuwenden, zum anderen war die Bundesregierung in jener Zeit sehr damit beschäftigt, die Aufnahme und Unterbringung der vielen Flüchtlinge in Deutschland zu organisieren und konnte wenig Weichen für die Zukunft stellen. Erstaunlicherweise hält sich die Zuschreibung, die Bundesregierung schaue dem Flüchtlingsgeschehen eher passiv zu, aber bis heute. Von der extremen Rechten wird Frau Merkel ohnehin in Dauerschleife vorgeworfen, keine restriktive, sondern eine expansive Flüchtlingspolitik zu betreiben, was natürlich Kokolores ist. Aber selbst Menschen, die keine expliziten Gegner der Bundeskanzlerin sind, unterliegen hier oft Irrtümern. Als ich vor einigen Wochen mit einem Bekannten über meine Buchidee sprach, sagte er zu mir: »Ich kreide Frau Merkel ja gar nicht an, dass die Flüchtlinge ins Land gekommen sind. Das Schlimme aber ist, dass sie der Einwanderung immer noch so passiv zuschaut.«

Damit war mein Bekannter in guter Gesellschaft: Zahlreiche Politiker hielten der Kanzlerin seit 2015 Untätigkeit in der Flüchtlingspolitik vor, wie z. B. Katarina Barley[94], Martin Schulz[95], Friedrich Merz[96] und andere[97]. Die Meinung, die Bundesregierung unternehme zu wenig, um den Flüchtlingsstrom einzudämmen, wird auch dadurch genährt, dass es in Deutschland bis heute nur selten möglich ist, Menschen ohne Bleiberecht und kriminelle Zuwanderer erfolgreich abzuschieben. Dies liegt allerdings meist an Gründen, die nicht die Bundesregierung oder deutsche Behörden zu verantworten haben, dazu später mehr.

Tatsache ist, dass die Bundesregierung seit 2015 Gesetze und Verordnungen in den Bereichen Migration, Asyl und Integration in einer Geschwindigkeit geändert und verschärft hat[98], dass ich mir verwundert die Augen reibe.

Sehen wir uns einige der wichtigsten Maßnahmen, ohne Anspruch auf Vollständigkeit, im Einzelnen an:

- Am 26. August 2015 wurde der Bund-Länder-Koordinierungsstab Asyl (BLKA) ins Leben gerufen, um operativ die Registrierung, Unterbringung und Versorgung der Flüchtlinge zu steuern.

- Bereits am 13. September 2015 beschloss die Kanzlerin in Absprache mit ihren Ministern die teilweise Wiedereinführung von Grenzkontrollen, insbesondere an der deutsch-österreichischen Grenze. Dies sollte dazu dienen, einen besseren Überblick über das Zuwanderungsgeschehen zu bekommen und dieses besser zu kanalisieren.

- Am 18. September 2015 setzte die Bundeskanzlerin Frank Jürgen Weise als neuen Chef des Bundesamts für Migration und Flüchtlinge (BAMF) ein, der bisher die Bundesagentur für Arbeit leitete, welche ebenso wie das BAMF in Nürnberg ihren Hauptsitz hatte. Weise behielt dieses Amt bis Ende 2016. Sein Ziel war, die Verfahren deutlich und nachhaltig zu beschleunigen, die Zahl der Entscheidungen zu erhöhen und mehr Transparenz über das Einwanderungsgeschehen herzustellen. Weise, der einen Ruf als erfolgreicher Verwaltungsmanager hatte, enttäuschte die Kanzlerin nicht. Um die Anzahl der Entscheidungen zu erhöhen, rekrutierte er viel neues Personal, holte Kollegen von der Bundesagentur für Arbeit und stellte Pensionäre wieder ein. Ein neues, einheitliches Computerprogramm wurde für alle Behörden eingeführt, die mit der Aufnahme von Flüchtlingen zu tun hatten, sodass das Problem der Mehrfacherfassung behoben wurde. Es wurde im BAMF fortan auch über

Skype mit Online-Übersetzern zusammengearbeitet, um Interviews zu beschleunigen.

- Am 29. September 2015 wurde das Asylverfahrensbeschleunigungsgesetz (AsylVfBeschlG) beschlossen, welches auch als «Asylpaket I» bekannt wurde und am 24. Oktober 2015 in Kraft trat. Dieses Gesetz regelte unter anderem, dass auch die Länder Albanien, Montenegro und Kosovo fortan als »Sichere Herkunftsländer« betrachtet wurden. Bis dahin hatten diesen Status von den Balkanländern nur Serbien, Bosnien-Herzegowina und Mazedonien. Diese Maßnahme war von entscheidender Bedeutung, die Zahl der Asylbewerber aus dem Balkan in Deutschland schnell zu senken. Viele der im Sommer nach Deutschland eingereisten Menschen aus diesen Ländern bekamen nun in verkürzten Asylverfahren eine Ablehnung und mussten Deutschland verlassen. Dahinter stand die Überlegung, dass es angesichts der dramatisch steigenden Zahl von Kriegsflüchtlingen aus dem Nahen Osten geboten sei, die vornehmlich aus wirtschaftlichen Gründen nach Deutschland gekommenen Asylbewerber aus dem Balkan schnell zur Ausreise zu veranlassen, um Platz in den völlig überfüllten Erstaufnahmezentren der Bundesländer zu schaffen. Die Vermutung, dass es sich bei Asylbewerbern aus den Balkanstaaten hauptsächlich um Menschen handelt, die aus wirtschaftlichen Gründen nach Deutschland gekommen sind, speist sich unter anderem aus deren niedrigen Anerkennungsquoten, die 2015 unter 1 % lagen.
- Des Weiteren wurde im Rahmen dieses »Asylpakets I« ein Wiedereinreiseverbot auch bei freiwilligen Ausreisen von Menschen aus sicheren Herkunftsstaaten (und damit aus dem gesamten Balkan) erlassen. Bislang galt ein solches Wiedereinreiseverbot bei freiwilligen Ausreisen generell nicht. Diese Maßnahmen können rückblickend als sehr erfolgreich angesehen werden, da der

Anteil dieser Gruppe an Flüchtlingen in Deutschland in den Folgemonaten drastisch abnahm. Der »Asyltourismus« von Wirtschaftsflüchtlingen aus dem Balkan, welche wiederkehrend einreisten, um Asyl zu beantragen, Leistungen zu beziehen und anschließend mit staatlicher Förderung wieder freiwillig auszureisen, konnte so erfolgreich beendet werden.

- Im Herbst 2015 kam es zu weitreichenden Änderungen der Abschiebepraxis, welche von Pro Asyl und Flüchtlingsräten scharf attackiert wurden: Bundesweit wurden Abschiebungen nun auch unangekündigt durchgeführt und die Leistungen konnten reduziert werden, wenn die festgelegte Ausreisefrist nicht eingehalten wurde. (Wenn Sie sich gerade wundern, dass Abschiebungen vorher grundsätzlich angekündigt wurden – ja, das war tatsächlich so. Und es hatte natürlich zur Folge, dass viele nicht Ausreisewillige am Tag der Abschiebung nicht anzutreffen waren.)

- Im Januar 2016 trat eine weitere Verschärfung der Abschiebungsregelungen in Kraft, nach der eine Ausweisung bereits dann in die Wege geleitet werden kann, wenn die betreffende Person zu einer Bewährungsstrafe verurteilt wurde (vorher galt dies nur bei Gefängnisstrafen). Und bei Verurteilung eines Asylbewerbers zu einem Jahr Freiheitsstrafe oder mehr wurde eine Anerkennung als Flüchtling fortan ausgeschlossen.

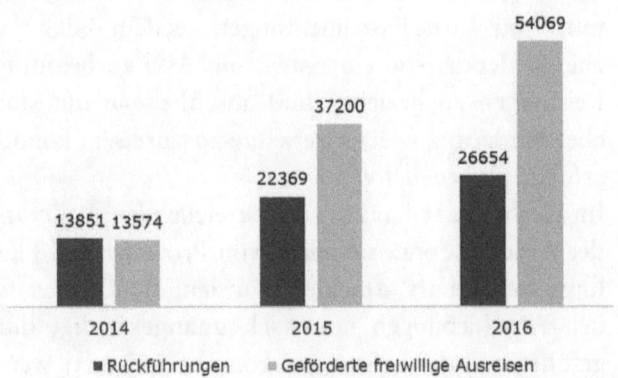

Abb. 7: Rückführungen (Abschiebungen und Zurückschiebungen) und freiwillige Rückkehr, 2014 bis 2016
Quelle: Bundesregierung (2018): Warum werden Menschen abgeschoben, die gut integriert sind? (bundesregierung.de) https://www.bundesregierung.de/breg-de/service/warum-werden-menschen-abgeschoben-die-gut-integriert-sind--512032

- Im Februar 2016 wurde das »Datenaustauschverbesserungsgesetz« beschlossen. Dieses Gesetz mit dem unaussprechlichen Namen ermöglichte es erstmals allen beteiligten Behörden, auf ein Kerndatensystem zuzugreifen, in denen alle relevanten Daten von Asylantragstellern gespeichert waren. Das Ziel war, einen behördenübergreifenden Datenaustausch zu ermöglichen, Mehrfacherfassung zu vermeiden, mehr Kenntnisse über Straftäter und Gefährder zu gewinnen und ein einheitliches Dokument für alle Menschen auszustellen, welche noch auf ihr Asylverfahren warteten (»Ankunftsnachweis«). Möglich wurde dies durch die von Frank Weise eingeführte einheitliche Software für alle beteiligten Behörden.

- Am 17. März 2016 trat das »Asylpaket II« in Kraft. Hier wurde die umstrittene Entscheidung umgesetzt, den Familiennachzug für subsidiär Geschützte (behelfsweise als Schutzsuchende anerkannte Menschen) bis März 2018 auszusetzen. War man zunächst noch davon ausgegangen, dass dies nur wenige Geflüchtete betreffen würde, weil kaum jemand subsidiären Schutz erhielt, so stieg die Anzahl der Menschen mit diesem Schutzstatus ab Sommer 2016 stark an. Diese Maßnahme mag mit Blick auf die Integration von Flüchtlingen kontraproduktiv gewesen sein, sie trug aber sicherlich ein Stück weit dazu bei, die weiteren Zuzugszahlen zu begrenzen. Ein weiterer Teil des Asylpakets II waren beschleunigte Asylverfahren in »Ankunftszentren«. Diese betrafen zum einen Menschen aus sicheren Herkunftsstaaten, zum anderen Asylbewerber, die in ihrem Verfahren nicht ausreichend mitwirkten. Des Weiteren wurden fortan schärfere Anforderungen an ärztliche Atteste zur Verhinderung der Abschiebung gestellt.
- Am 7. Juli 2016 trat das »Integrationsgesetz« in Kraft. Hiernach war es den Behörden fortan möglich, auch nach der Anerkennung eines Schutzstatus eine Wohnsitzauflage für Flüchtlinge zu verhängen. Dadurch sollte verhindert werden, dass die Flüchtlinge vermehrt in Großstädte ziehen und dortige Strukturen überlasten. Die »Vorrangprüfung« vor der Arbeitsaufnahme entfiel. Bis dahin wurde bei einer beabsichtigten Arbeitsaufnahme durch einen Flüchtling von der Agentur für Arbeit jeweils geprüft, ob ein bevorrechtigter Arbeitnehmer (aus Deutschland oder der EU) für diesen Arbeitsplatz in Frage käme, was die Verfahren vorher unnötig in die Länge zog. Als wichtigen Baustein, um die Ausbildung auch von denjenigen Flüchtlingen zu ermöglichen, welche noch im Asylverfahren oder im Besitz einer Duldung waren, wurde die »3+2-Regel« eingeführt: Wer als

Geduldeter eine Ausbildung anfängt, der darf fortan für die gesamte Dauer dieser in Deutschland bleiben. Anschließend hat er sechs Monate Zeit, eine sozialversicherungspflichtige Beschäftigung zu finden. Wenn ihm dies gelingt, wird die Aufenthaltsgestattung für zwei weitere Jahre verlängert. Insbesondere dieser Aspekt des Integrationsgesetzes wurde von Arbeitgebern wie von Geflüchteten gleichermaßen begrüßt. Schließlich wurde es für Flüchtlinge durch das Gesetz möglich, die (unbefristete) Niederlassungserlaubnis nach fünf Jahren Aufenthalt in Deutschland zu bekommen, wenn ein Sprachniveau von A2 erreicht und das Einkommen »überwiegend selbst« erwirtschaftet wird. Bei nachgewiesenen »besonderen Integrationsbemühungen« ist es im Einzelfall sogar möglich, eine solche Niederlassungserlaubnis bereits nach drei Jahren zu erlangen, ohne dass diese »besonderen Integrationsbemühungen« genau definiert sind.

- Am 1. Februar 2017 trat das Rückkehrförderprogramm »Starthilfe Plus« in Kraft, welches die finanziellen Anreize für Flüchtlinge erhöhte, freiwillig in ihr Heimatland zurückzureisen.

- Am 29. Juli 2017 trat das »Gesetz zur besseren Durchsetzung der Ausreisepflicht« in Kraft. Hierdurch wurde es möglich, »Gefährder« in Abschiebehaft zu nehmen oder mit elektronischen Fußfesseln zu versehen. Zur Sicherstellung der Abschiebung konnte künftig der Ausreisegewahrsam auf zehn Tage ausgeweitet werden. Von Asylbewerbern ohne Ausweispapiere konnten fortan die Mobiltelefone eingezogen und ausgewertet werden, um ihre Staatsangehörigkeit festzustellen. Wie wir später noch sehen werden, ist die Feststellung der Staatsangehörigkeit eine der wichtigsten Voraussetzungen, um eine Abschiebung in Gang setzen zu können.

- Im Juni 2018 wurde durch das »Familiennachzugssteuerungsgesetz« der im Jahr 2016 ursprünglich auf zwei

Jahre ausgesetzte Nachzug von Familienangehörigen von subsidiär geschützten auf 1000 Personen monatlich begrenzt.

- Am 18. Januar 2019 beschloss der Bundestag, Georgien sowie die drei Maghreb-Staaten Algerien, Marokko und Tunesien als »sichere Herkunftsstaaten« einzustufen. Die Zustimmung des Bundesrates scheiterte bislang an den Grünen und der Linken. Die Einstufung hätte zur Folge, dass die meist aussichtslosen Asylverfahren für Menschen aus dem Maghreb beschleunigt würden. Die Anerkennungsquoten für diese Zuwanderergruppe betrug in den letzten Jahren nur zwischen 0,8 und 3,5 %. Die Asylverfahren dauerten 2016 durchschnittlich dennoch ca. ein Jahr.[99]

- Im Sommer 2019 wurde das »Migrationspaket« verabschiedet. Dieses Bündel von Gesetzen beinhaltete zum einen das »Fachkräfteeinwanderungsgesetz«, durch welches der legale Zuzug von Arbeitskräften nach Deutschland erleichtert und besser gesteuert wurde. Zum anderen beinhaltete es das »Geordnete-Rückkehr-Gesetz«, mit weitreichenden Auswirkungen auf Geflüchtete: Die Möglichkeiten für Abschiebehaft wurden ausgeweitet. Bei geduldeten Personen mit ungeklärter Identität kann eine Wohnsitzauflage und ein Beschäftigungsverbot erteilt werden. Flüchtlingen, die nicht an der Feststellung ihrer Identität mitwirken, können die Leistungen gekürzt werden. Und weniger Hilfen nach dem Asylbewerberleistungsgesetz sieht das Gesetz für Flüchtlinge vor, für die ein anderer EU-Staat zuständig ist (Dublin-Fälle). Diese erhalten nur noch Überbrückungsleistungen für einen Zeitraum von zwei Wochen, bestimmte Nebenkosten für die Wohnung werden nur noch als Sachleistung erbracht. Insgesamt sanken dadurch die individuellen Sätze staatlicher Leistungen für Asylbewerber.[100]

- Im August 2019 wurde durch das »Ausländerbeschäftigungsförderungsgesetz« die Ausbildungsförderung für Asylsuchende verbessert.

Zudem kam es zwischen 2015 und 2020 zu einer Reihe weiterer Maßnahmen, wie die Unterstützung der EU-Außengrenzkontrollen, Änderungen bei der Durchführung von Abschiebungen durch die einzelnen Bundesländer und vielem mehr.[101]

Entgegen der Behauptung, die Bundesregierung unter Angela Merkel blicke dem Flüchtlingsgeschehen weitgehend tatenlos zu, hat ihre Regierung innenpolitisch seit 2015 also Folgendes getan:

- Sie hat erfolgreich die Abschiebung von Wirtschaftsflüchtlingen beschleunigt, um Kapazitäten für die Aufnahme von Bürgerkriegsflüchtlingen zu schaffen.
- Sie hat erfolgreich die Anreize für Wirtschaftsflüchtlinge, nach Deutschland zu kommen, gesenkt.
- Sie hat erfolgreich die Registrierung von Flüchtlingen sowie die Asylverfahren beschleunigt und effizienter gemacht.
- Sie hat erfolgreich die Zuwanderung von Fachkräften erleichtert.
- Sie hat die Anreize für Flüchtlinge, in ihre Heimat zurückzukehren, erhöht.

Aber wenn diese Bundesregierung so erfolgreich Gesetze erlassen hat, warum wird sie dafür nicht mehr gefeiert?

Dass die Bundesregierung für so viele Maßnahmen nicht mehr Anerkennung bekommen hat, dürfte zum einen daran liegen, dass politische Misserfolge und Versäumnisse in den deutschen Medien ungleich mehr Beachtung geschenkt wird als Erfolgen. Zum anderen liegt es aber vielleicht auch daran, dass diesen relativ erfolgreichen innenpolitischen Maßnahmen wenig Erfolge in der Flüchtlingspolitik auf außenpolitischer Ebene entgegenstehen. Und dass es trotz allem nicht gelungen ist, die Zahl der Rückführungen und Abschiebungen auf ein Niveau zu erhöhen, das aus Sicht des Rechtsstaates wirklich zufriedenstellend wäre.

Ich bin grundsätzlich einverstanden, dass Deutschland Flüchtlinge aufnimmt. Aber sie müssen sich an unsere Regeln halten. Ich verstehe nicht, warum nicht endlich mehr kriminelle Ausländer abgeschoben werden.

Insbesondere, wenn ausländische Straftäter nicht abgeschoben werden und über diese Fälle in den Medien berichtet wird, entsteht bei der Bevölkerung der Eindruck, die Regierung sei untätig. Viele meiner Workshop-Teilnehmer kennen Beispiele aus dem eigenen Umfeld, wo Zuwanderer trotz völlig unakzeptablem Verhalten jahrelang in der Kommune verbleiben, ohne abgeschoben zu werden. Auch ich kenne eine Menge solcher Beispiele aus eigener Erfahrung, da ich bei Problemen mit auffällig gewordenen Flüchtlingen manchmal dienstlich mit einbezogen werde.

Und auch ich bin oft fassungslos, wenn ich von zugewanderten Mehrfachstraftätern höre, von Ausländern, die wiederholt Sozialbetrug begehen, die offen mit Drogen handeln, die die Wohnung, welche ihnen von der Kommune zur Verfügung gestellt wurde, verwüsten, oder von Männern, die ihre Frauen misshandeln oder diese bedrohen. Jedes Mal frage ich mich unwillkürlich: Was muss eigentlich noch alles passieren, bevor diese Person endlich abgeschoben wird?

Wenn entsprechende Berichte bei mir eintreffen, telefoniere ich in der Regel zunächst mit der Ausländerbehörde, dem Ansprechpartner bei der jeweiligen Kommune und manchmal mit der Polizei. Meist kommt dabei zutage, dass es über die entsprechende Person schon ein langes Register bzw. eine vielsagende Vorgeschichte gibt. Es wird in diesen Gesprächen aber auch deutlich, warum eine Abschiebung in diesem speziellen Fall schwierig ist oder bereits erfolglos war. Die Gründe dafür sind meist vielschichtig.

Sehen wir uns zunächst die Zahlen an. Zu unterscheiden ist dabei in »geduldete« und »unmittelbar ausreisepflichtige« Menschen. Von den knapp 250.000 Ausreisepflichtigen im Jahr 2019 waren über 202.000 Personen »geduldet«, während nur knapp 48.000 Personen »unmittelbar ausreisepflichtig« waren.

Menschen mit einer »Duldung« dürfen doch in Deutschland bleiben, oder?

Bezüglich der »Duldung« stoße ich immer wieder auf das gleiche Missverständnis. Sie wird von vielen gleichgesetzt mit einem regulären Aufenthaltsstatus, aber genau das ist eine Duldung nicht. Geduldete Menschen sind ausreisepflichtig! Das steht sogar extra auf der Vorderseite einer jeden Duldung drauf. Eine Duldung weist den Zustand aus, in den ein abgelehnter Asylbewerber rutscht, wenn er derzeit das Land nicht verlassen kann.

Wieso können ausreisepflichtige Ausländer in Deutschland bleiben?

Der wohl häufigste Grund dafür, dass Geduldete, also ausreisepflichtige Ausländer, in Deutschland bleiben können, dürfte derjenige sein, dass die Herkunft der entsprechenden Person den Behörden unbekannt ist. Abschiebungen müssen mit dem jeweiligen Land vereinbart werden, aus dem die Person kommt. Oft verschweigt ein Flüchtling seine Nationalität und behauptet, sein Pass sei verloren gegangen oder geklaut worden. Solange die deutschen Behörden jedoch die Nationalität des Zuwanderers nicht kennen, wissen sie nicht, mit welchem Land sie eine Abschiebung verhandeln sollen bzw. in welchen Flieger sie die Person zur Abschiebung setzen sollen. Man weiß in diesem Fall zwar genau, in welches Land diese Person nicht gehört, nämlich nach Deutschland, weiß aber nicht sicher, welchem Land sie stattdessen zugehörig ist. Auch durch Sprachfeststellungsverfahren gelingt es nicht immer, die Herkunft einer geduldeten Person zweifelsfrei festzustellen.

Der zweite Grund, warum abgelehnte Asylbewerber oft nicht abgeschoben werden, sind gesundheitliche Faktoren. Manchmal sind die Personen tatsächlich so schwer erkrankt, dass eine Abschiebung nicht möglich ist. Oft jedoch wird ein gesundheitlicher Grund nur vorgeschoben, um wieder und wieder der Abschiebung zu entgehen.

Häufig kommt es auch vor, dass ein Zuwanderer ein Land als Herkunftsland angibt, in das derzeit nicht abgeschoben wird. Solche Länder waren z. B. Syrien und Somalia. Der Grund, warum in solche Staaten nicht abgeschoben wird, ist, dass dort entweder Krieg herrscht oder aber keine verlässlichen staatlichen Strukturen bestehen, mit denen eine Abschiebung verhandelt werden könnte. Somalia ist ein sogenannter »Failed State«, das heißt, es gibt neben dem Bürgerkrieg nur Warlords und Mafiabosse, die Macht ausüben, aber kaum staatlichen Behörden, die funktionieren.

Ein weiteres Problem ist, dass mit vielen Ländern kein – oder nur ein unzureichendes – Rücknahmeabkommen besteht. Viele der zugewanderten Mehrfach-Straftäter in Deutschland stammen z. B. aus den Maghreb-Staaten Marokko, Algerien und Tunesien. Die Abschiebungen scheitern aber häufig an der Weigerung dieser Länder, die abgelehnten Asylbewerber zurückzunehmen. Auch eine Reise von Innenminister de Maizière im Jahr 2016 blieb, zumindest in Bezug auf Marokko, erfolglos. Da Marokko weiterhin keine Abschiebungen in Chartermaschinen erlaubt, sind nur wenige einzelne Abschiebungen in Linienflügen möglich, sodass der frühere Innenminister von Nordrhein-Westfalen Ralf Jäger im Juni 2016 die nordafrikanischen Staaten als »völlig unkooperativ« bei der Rücknahme ihrer Bürger bezeichnete und die Rücknahme-Vereinbarung mit Marokko als »kaum tauglich«[102]. Auch Gerald Knaus weist am Beispiel des Staates Gambia nach, dass es oftmals weniger an deutschen Behörden als an den Herkunftsstaaten liegt, wenn nicht mehr Menschen ohne legalen Aufenthalt in Deutschland abgeschoben werden.[103]

Schließlich ist festzuhalten, dass es auch anderen Ländern der EU kaum gelingt, illegale Zuwanderer in ihre Herkunftsländer außerhalb des Schengen-Raums abzuschieben. Die geringe Zahl von Abschiebungen ist nicht spezifisch für Deutschland und deren Ursachen demnach nicht in der deutschen Innenpolitik zu suchen. Um es mit Gerald Knaus zu sagen: »Um irreguläre Migration von Nichtschutz-Bedürftigen zu reduzieren, braucht es vor allem Abschiebungsrealismus und eine neue Migrationsdiplomatie gegenüber Herkunfts- und Transitländern.«[104] Solange aber trotz minimaler Anerkennungsquoten selbst die Einordnung der Maghreb-Staaten als »Sichere Herkunftsstaaten« im Bundesrat scheitert, was die Abschiebung Tausender ausreisepflichtiger marokkanischer und algerischer Straftäter erschwert, sind wir noch weit von einer solchen Politik entfernt.

Innenpolitisch können wir Angela Merkel keineswegs vorwerfen, innerhalb der letzten fünf Jahre in der Flüchtlingspolitik tatenlos gewesen zu sein. Erst wenn die eher ernüchternde außenpolitische Bilanz bei dieser Frage miteinbezogen wird, ist der deutschen Flüchtlingspolitik insgesamt nur durchwachsener Erfolg zu attestieren. Zwar hat die Kanzlerin versucht, den Schutz der EU-Außengrenzen zu erhöhen, um Binnengrenzen in der EU und im Schengen-Raum offenzuhalten. Dies ist aber nur teilweise gelungen, da der Einsatz der europäischen Grenzschutzorganisation FRONTEX unter dem permanenten moralischen Dilemma leidet, einerseits zur Abschreckung, andererseits zur Menschenrettung verpflichtet zu sein. Des Weiteren ist die Kanzlerin bislang mit ihrem Ansinnen gescheitert, eine Quote zur gleichmäßigeren Verteilung von Flüchtlingen in Europa zu erreichen. An einer solchen Quote haben die meisten anderen EU-Länder, die deutlich weniger Flüchtlinge aufgenommen haben, natürlich kein Interesse.

Wenn wir Angela Merkel Versäumnisse in der Flüchtlingspolitik vorwerfen möchten, dann am ehesten in der mangelnden Härte gegenüber EU- und Drittländern, die sich angesichts von Deutschlands Problemen mit illegaler Zuwanderung wenig kooperativ zeigen. Sowohl die meisten EU-Länder als auch Drittstaaten profitieren von Deutschland als Geberland, entweder als Netto-Einzahler in den EU-Haushalt oder als Geber von Entwicklungshilfe. Wenn Rückführungen von Dublin-Fällen und Abschiebungen krimineller Ausländer regelmäßig an der Ignoranz anderer Länder scheitern, hätte Deutschland hier einiges in die Waagschale zu werfen, um den Druck zur Kooperation zu erhöhen.

Wäre es nicht ohnehin schlauer, die
Fluchtursachen zu bekämpfen?

Neben den Maßnahmen im Bereich der Innen- und Europapolitik herrscht in Deutschland Konsens darüber, dass es im Sinne einer vorausschauenden Migrationspolitik sinnvoller ist, Fluchtursachen zu bekämpfen als deren Auswirkungen. Schließlich war ja auch die unzureichende Finanzierung von UNHCR-Flüchtlingscamps im Nahen Osten 2014 und 2015 einer der wesentlichen Trigger für den Exodus vieler Flüchtlinge nach Europa. Nur ist die Beendigung eines Bürgerkrieges in Syrien oder die Entmachtung der Taliban in Afghanistan eben nichts, was eine Bundeskanzlerin mal eben zwischen Kaffeezeit und Abendbrot erledigen könnte. Bei diesen beiden Aufgaben sieht die gesamte internationale Gemeinschaft auf ein inzwischen jahrzehntelanges Scheitern zurück.

Auch beim Thema Fluchtursachen träfe der Vorwurf, die Bundesregierung sei tatenlos gewesen, überwiegend ins Leere. Tatsächlich hat sich die Bundesregierung schon vor 2015, insbesondere aber seitdem, um die Bekämpfung von Fluchtursachen gekümmert. Ähnlich wie beim Thema der Abschiebungen oder der gleichmäßigeren Verteilung von Flüchtlingen in Europa kann eine solch große Aufgabe aber nicht von einem einzelnen Land allein gelöst werden.

Eine ausführliche Behandlung aller Maßnahmen der Bundesregierung zur Bekämpfung von Fluchtursachen würde an dieser Stelle zu weit führen. Und es ist grundsätzlich auch schwer zu unterscheiden, wo die Grenze zwischen der Bekämpfung von Fluchtursachen und regulärer Entwicklungshilfe verläuft. Zum Politikfeld der Fluchtursachenbekämpfung zählen z. B. direkte Hilfsleistungen an die Herkunftsländer, Unterstützungsleistungen für internationale Organisationen wie das UNHCR, die Wiederaufbauhilfe im Irak, Ausbildungs- und Beratungsprogramme, diverse Sonderinitiativen des BMZ[105], diplomatische Missionen zur Friedenssicherung sowie letztendlich auch die Militäreinsätze in Afghanistan, Mali, dem Irak und dem Kosovo.

Für Syrien seien hier nur zwei Beispiele herausgegriffen: Von 2012 bis 2015 hat Deutschland 2,6 Milliarden Euro für das Welternährungsprogramm in der Syrienkrise ausgegeben und von 2016 bis 2018 2,3 Milliarden Euro für bilaterale Hilfen aufgebracht. Inzwischen ist Deutschland in Bezug auf Syrien der größte Geldgeber für Hilfsleistungen weltweit. Und in Afghanistan gibt Deutschland z. B. 430 Millionen Euro pro Jahr allein für humanitäre und strukturbildende Hilfsleistungen aus. Hier ist Deutschland drittgrößter bilateraler Geldgeber. Insgesamt dürfte aus Deutschland seit 2015 ein zweistelliger Milliardenbetrag in die Herkunftsländer von Flüchtlingen geflossen sein, um dort die wirtschaftlichen Bedingungen für die Menschen zu verbessern.[106]

Elevator Pitch:

Die Bundesregierung hat durch eine Vielzahl von Maßnahmen und Gesetzen versucht, die Zuwanderung zu regulieren, diese den Sicherheitsbedürfnissen der Bevölkerung und den Anforderungen des Arbeitsmarktes anzupassen und eine Wiederholung der Ereignisse von 2015 für die Zukunft auszuschließen. Auch zur Bekämpfung von Fluchtursachen hat Deutschland umfangreich Mittel zur Verfügung gestellt. Eine weitere Eindämmung der Zuwanderung von Flüchtlingen würde Beschlüsse im Bundesrat sowie auf europäischer und internationaler Ebene erfordern, welche bisher gescheitert sind. Abgelehnte Asylbewerber können oft nicht abgeschoben werden, und kriminelle Ausländer verbleiben manchmal jahrelang in Deutschland. Das liegt vor allem daran, dass diese gegenüber dem deutschen Staat erfolgreich ihre Identität verbergen oder Herkunftsstaaten die Aufnahme abgelehnter Asylbewerber verweigern.

Die Furchtsamen palaverten in ihren Hütten ausschließlich über die Unordnung auf dem Dorfplatz und die erodierten Feldränder, die der Regen gebracht hatte. Schließlich behaupteten sie, dass jeglicher Regen schlecht sei für die Erde und verboten werden müsse. Sie vergaßen, wie wichtig der Regen für ihr Dorf war, wie selten es zu Überschwemmungen kam und wie man sich dagegen schützen konnte.

Über Messerstecher und Terroristen

Zum »vierten Jahrestag der eigenmächtigen Grenzöffnung« behauptete die AFD Bielefeld:

> »*Vier Jahre später ist man nirgendwo mehr sicher. Weder am Bahngleis noch auf der Straße, nicht im Park oder der eigenen Wohnung oder gar abends beim Feiern. Messerstechereien und zugenommene Vergewaltigungen haben in Deutschland Einzug gehalten. Derartige Verbrechen gab es so vorher in unserem Land nicht.*«[107]

Wahrscheinlich muss ich an dieser Stelle kaum mehr darauf hinweisen, dass derlei Behauptungen völliger Unsinn sind. Die AFD kommuniziert seit Jahren wiederholt, dass sich hierzulande Frauen aus Angst vor Gewaltkriminalität und Vergewaltigung »nicht mehr auf die Straßen trauen«[108, 109] würden. Dass sich AFD-Frauen in Deutschland nicht mehr auf die Straße trauen, ist bedauerlich. Oder auch nicht. Bei Frauen aus meinem Bekanntenkreis dagegen habe ich derartiges Verhalten noch nicht festgestellt. Außer wenn sie in Corona-Quarantäne waren. Das mag auch daran liegen, dass der öffentliche Raum in Deutschland seit Jahren nachweislich sicherer wird, nicht unsicherer. In Wahrheit sinkt die Zahl der Straftaten in Deutschland nämlich seit 2015.

Neben den bewusst irreführenden Verlautbarungen der Parteispitze sind Fehleinschätzungen zur Kriminalitätsentwicklung auch bei Unterstützern der AFD besonders verbreitet. Nach einer Studie des Deutschen Instituts für Wirtschaft und der Ruhr-Universität Bochum vom Mai 2021 sagten in einer Befragung 45 % der AFD-Anhänger, dass die Kriminalität in den letzten Jahren stark gestiegen sei, gegenüber nur 14,5 % aller übrigen Befragten. Interessanterweise ergab die gleiche Studie, dass unter den Befragten AFD-Anhängern über 41 % insbesondere soziale Medien zur politischen Information nutzten, in der sonstigen Bevölkerung sind es nur 24 %.[110]

Dennoch gibt es tatsächlich ein Problem mit der Ausländerkriminalität. Wer sich hierzulande mit Polizisten zu diesem Thema unterhält, bekommt bestätigt, was die Statistiken in Deutschland seit langem belegen: Ausländer sind überproportional an der Kriminalität in Deutschland beteiligt. Der Anteil von Ausländern an Straftätern liegt bei ca. 30 %, obwohl ihr Bevölkerungsanteil nur bei ca. 12 % liegt.[111] Das ist Fakt, ob es einem gefällt oder nicht.

Und es betrifft nicht nur Ausländer allgemein, sondern auch Flüchtlinge. In der polizeilichen Kriminalstatistik definiert das Bundeskriminalamt Personen, die als Angehörige eines Nicht-EU-Staates in das Bundesgebiet einreisen, um sich hier vorübergehend oder dauerhaft aufzuhalten, als »Zuwanderer«. Als »tatverdächtige Zuwanderer« werden Personen mit den Aufenthaltsstatus »Asylberechtigter/Schutzberechtigter«, »Asylbewerber«, »Duldung«, »Kontingent-/Bürgerkriegsflüchtling« und »unerlaubt« erfasst. Der Anteil der »Zuwanderer« in der Statistik entspricht also ungefähr dem der Flüchtlinge. Aus der polizeilichen Kriminalstatistik geht hervor, dass der Anteil der Flüchtlinge an Straftaten höher ist, als es ihrem Bevölkerungsanteil entspricht. Abb. 9 veranschaulicht für das Jahr 2018, dass 8,6 % der Tatverdächtigen in Deutschland Flüchtlinge waren, obwohl ihr Anteil an der Bevölkerung nur ca. 1,6 % entsprach. Zwar handelt es sich hier um die Zahl der Verdächtigen, nicht um die Zahl der Straftäter beider Geschlechter, aber die Zahlen deuten auf ein ernstes Problem hin, auf welches unsere Gesellschaft die Antwort noch finden muss.

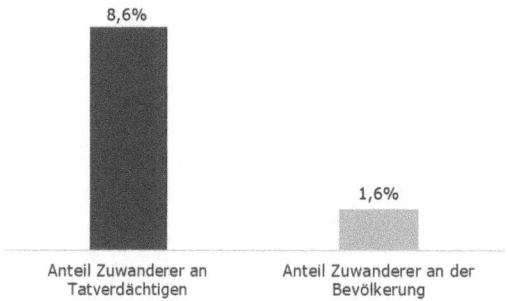

Abb. 8: Anteil von Zuwanderern (Flüchtlingen) an Tatverdächtigen in Deutschland, 2018
Quelle: BKA Lagebild 2018[112]

Dann hat die AFD recht, wenn sie auf steigende Kriminalität durch Flüchtlinge hinweist?

Die AFD behauptet, durch die unkontrollierte Zuwanderung von Flüchtlingen im Jahr 2015 sei in Deutschland die Kriminalität gestiegen. Aber diese Aussage ist falsch. Zwar weisen die Zahlen auf einen überproportionalen Anteil von Flüchtlingen an der Kriminalität hin, die Zahl der Straftaten, insbesondere seit 2015, ist aber deutschlandweit gesunken, wie Abb. 10 veranschaulicht.

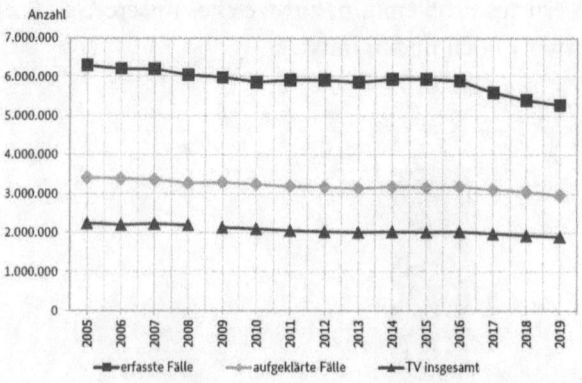

Abb. 9: Straftaten und Tatverdächtige in Deutschland
Quelle: Polizeiliche Kriminalstatistik 2019[113]

Es ist also einerseits richtig festzustellen, dass Ausländer insgesamt, in geringerem Umfang auch Flüchtlinge, einen überproportionalen Anteil an den Straftaten in Deutschland verantworten. Andererseits ist das Leben in Deutschland durch den Flüchtlingszuzug in den letzten Jahren nicht gefährlicher geworden. Und keinesfalls lassen sich Zuwanderer mit Blick auf die Kriminalität über einen Kamm scheren. Um das zu verstehen, müssen wir etwas tiefer in die amtlichen Statistiken eintauchen.

Abb. 11 zeigt die Anteile an den Tatverdächtigen (nicht Straftaten) je nach Herkunftsland der Flüchtlinge. Zwar sind Daten zu Tatverdächtigen nicht geeignet, um präzise Aussagen zu tatsächlichen Straftaten zu machen, auch weil hier die Diskriminierung aufgrund der Hautfarbe eine Rolle spielen kann. Die Zahlen können jedoch einen ungefähren Hinweis auf die Verteilung von Straftaten ermöglichen, wenn Zahlen zu Menschen mit ähnlicher Hautfarbe verglichen werden.

Dass Menschen aus Syrien, Afghanistan und Irak in dem Diagramm besonders stark vertreten sind, verwundert nicht, da dies auch die Hauptherkunftsländer der Flüchtlinge waren und ihr Anteil an der Gesamtbevölkerung in Deutschland folglich hoch ist. Allerdings fällt auf, dass der Anteil von Flüchtlingen aus den Maghreb-Staaten Algerien und Marokko deutlich höher liegt, als es ihrem prozentualen Anteil an der Gesamtzahl der Flüchtlinge entsprechen würde. Bei Flüchtlingen aus den Ländern Syrien, Afghanistan und Irak fällt der Anteil an den Tatverdächtigen dagegen unterproportional aus.

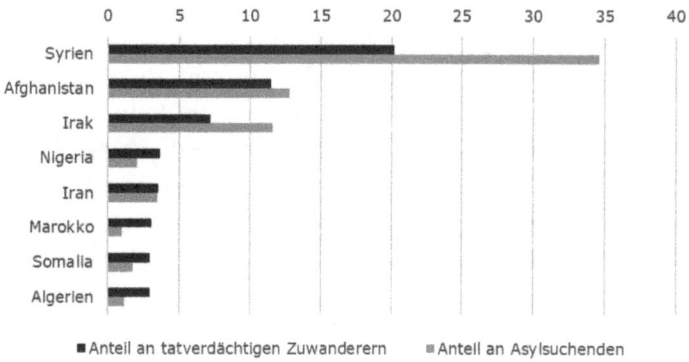

Abb. 10: Vergleich Tatverdächtigenanteil mit Anteil an Zuwanderern in Prozent, 2018
Quelle: BKA Lagebild 2018[114]

Der Braunschweiger Kripochef Ulf Küch sagte dazu:

»*Wir stellen fest, dass nur sehr wenige Zuwanderer als Straftäter auffallen, diese dann aber häufig eine Vielzahl von Delikten begehen.*«[115]

Vor allem junge Nordafrikaner fallen oft negativ in der Statistik auf. Die Kriminalitätsrate von Zuwanderern aus den Maghreb-Staaten ist massiv überproportional hoch.[116] Das Kölner Kriminalkommissariat 41 begann im Jahr 2014 eine Analyse, die darüber Aufschluss gibt, welche illegal eingereisten Flüchtlinge innerhalb eines Jahres erneut straffällig werden. Während nur 0,5 % der Syrer als Verdächtige auffielen, waren 40 % der Flüchtlinge aus dem Maghreb.[117] Abschiebungen und Ausweisungen in die Heimatländer dieser Straftäter waren in der Vergangenheit wegen der fehlenden Kooperationsbereitschaft der Heimatländer nahezu unmöglich, wie im vorangegangenen Kapitel beschrieben.

Zusätzlich können nun noch die Alters- und Geschlechtszugehörigkeit berücksichtigt werden. Grundsätzlich sind weltweit Männer zwischen 14 und 30 Jahren jene Gruppe, die am stärksten zu Straftaten neigt. In Deutschland z. B. liegt der Anteil dieser männlichen Alterskohorte bei 10 %, ihr Anteil an Gewaltdelikten beträgt jedoch knapp 50 %.[118] Die meisten Flüchtlinge, die in den letzten Jahren nach Deutschland gekommen sind, sind männlich und gehören genau dieser Altersgruppe an, auch deshalb ist der Anteil der Flüchtlinge an den Tatverdächtigen überdurchschnittlich hoch. Rechnen wir uns das Alter und Geschlecht aus der Statistik heraus, ergibt sich für Geflüchtete nur noch eine geringfügig höhere Beteiligung an Straftaten.

Aber eine höhere Beteiligung an Straftaten, zumindest bei einigen Zuwanderergruppen, bleibt. Dafür kann es mehrere Gründe geben, deren genaue Analyse ein weiteres Buch füllen würde. Es sei nur kurz aufgeführt, dass gewaltlegitimierende Männlichkeitsformen in der arabischen, persischen oder kurdischen Kultur ebenso eine Rolle spielen können wie Frustration und psychischer Stress, z. B. durch eine unsichere Bleibeperspektive oder Misserfolge bei der gesellschaftlichen Integration. Mit Blick auf bestimmte Flüchtlingsgruppen gibt es also einen Zusammenhang zwischen

Einwanderung und Kriminalität. Diese ist jedoch längst nicht so groß und so eindeutig wie von der AFD und anderen behauptet. Was anerkannte Flüchtlinge angeht, so ist die Kriminalitätsrate bei ihnen sogar unterdurchschnittlich, das heißt, sie leben gesetzestreuer als der durchschnittliche Bundesbürger.[119] Und insgesamt bleibt festzustellen, dass seit 2015 die gefühlte Sicherheit in Deutschland vielleicht abgenommen, die tatsächliche aber insgesamt nachweislich zugenommen hat.

Das »empfundene Sicherheitsgefühl« der Deutschen hatte bereits in der Vergangenheit statistische Belege meist ignoriert. Schon in einer repräsentativen Umfrage, die in den Jahren 2004, 2006 und 2010 durchgeführt wurde, gab die große Mehrheit (87,3 %) der deutschen Bevölkerung jeweils an, dass es in der Gegenwart gefährlicher sei als früher – und es in Zukunft auch noch gefährlicher werden wird (77,9 % der Befragten). Dabei war das genaue Gegenteil der Fall. Drei Viertel der Befragten waren zudem der Meinung, dass die »Ausländerkriminalität« in Zukunft steigen werde[120] – allen anderslautenden Untersuchungen zum Trotz. Diese kognitive Dissonanz dürfte sich bis heute nicht wesentlich verändert haben.

Warum nimmt die gefühlte Gefährdungslage zu, wenn sie doch tatsächlich abnimmt?

Die menschliche Psyche ist so gestrickt, dass sie Angstgefühle tendenziell höher priorisiert als sachliche Abwägungen. Das war für den Steinzeitmenschen am Lagerfeuer auch ein durchaus lebenserhaltendes Prinzip, wenn im Gebüsch ein Säbelzahntiger lauerte. In unserer heutigen Zivilisation und einer viel geringeren Anzahl an Säbelzahntigern ist dieses Prinzip hervorragend dazu geeignet, Vorurteile und Ressentiment in den Köpfen der Menschen zu verankern. Genau dies nutzt die auf Angst basierende Rhetorik der AFD mit Blick auf die Ausländerkriminalität aus und verbreitet Halbwahrheiten über die tatsächliche Sicherheitslage. So schreibt die AfD in ihrem Grundsatzprogramm:

>*Die innere Sicherheit in Deutschland*
nimmt immer mehr ab.«

Und die AfD Baden-Württemberg schrieb in ihrem Landtagswahlprogramm von 2016:

>*[...] die Kriminalitätsstatistiken belegen*
objektiv, dass der öffentliche Raum
deutlich unsicherer geworden ist.«

Dies sind schlichtweg falsche Behauptungen und sie sind leicht zu widerlegen. Dennoch verfangen sie bei vielen Menschen. Wir müssen uns fragen, ob nicht die Medien in Deutschland ein Stück weit dazu beigetragen haben, dass Teile der AFD-Propaganda von so vielen Bundesbürgern verinnerlicht wurden. Denn wenn über die AFD so viel berichtet wurde wie in den letzten fünf Jahren, müssen wir uns nicht wundern, wenn mit der Verbreitung ihrer Behauptungen auch die irrationale Angst vor Kriminalität durch Flüchtlinge steigt.

Wenn nicht zu mehr Kriminalität, so hat die unkontrollierte Einwanderung doch eindeutig zu mehr Terrorgefahr geführt, oder?

Neben angeblich gestiegener Kriminalität wird der Flüchtlingszuwanderung oft auch die Verantwortung für eine gestiegene Terrorgefahr zugeschrieben. Dies geschieht vor allem durch rechtsextreme Parteien und Gruppierungen, verfängt aber auch in der Mehrheitsgesellschaft. Nach dem Attentat in Brüssel am 22. März 2016 nutzten diverse Rechtspopulisten in Europa diese Tat als Beleg für eine angeblich gestiegene Terrorgefahr durch Flüchtlinge. Dabei waren die Attentäter gar keine Flüchtlinge, sondern wurden in Belgien geboren und waren belgische Staatsbürger.[121] Dennoch stimmten im Juli desselben Jahres 61 % der Deutschen der Aussage zu, dass die Terrorgefahr durch die Flüchtlingseinwanderung gestiegen sei.[122]

Die Bundesregierung stellte im Juli 2016 Ergebnisse des BKA zur Terrorgefahr vor und hielt zur Personengruppe der Geflüchteten fest: »Die Gefahr des Terrorismus [ist] nicht größer und nicht kleiner (…) als in der übrigen Bevölkerung.«[123] Auch Angela Merkel selbst stellte im August 2016 fest: »Das Phänomen des islamistischen Terrorismus des IS [ist] nicht ein Phänomen, das durch die Flüchtlinge zu uns gekommen ist, sondern das wir auch schon vorher hatten.«[124] Mit dieser Aussage hatte die Kanzlerin recht. De facto ist die Terrorgefahr durch Rechtsterrorismus seit 2015 stärker angestiegen als die Gefahr von Terrorattacken durch Flüchtlinge. Und insgesamt ist das persönliche Risiko jedes einzelnen, in Deutschland durch Terrorismus Schaden zu erleiden, ohnehin verschwindend gering. Aber der Reihe nach:

Tatsächlich gab es in den letzten Jahren einige Terroranschläge, an denen auch Menschen beteiligt waren, die in der Flüchtlingskrise 2015 nach Europa gekommen sind:

- Der Sprengstoffanschlag von Ansbach mit 15 Verletzten am 24. Juli 2016 wurde von einem 27-jährigen syrischen Flüchtling verübt.
- Der Tunesier Anis Amri, der den Anschlag auf dem Berliner Weihnachtsmarkt am 19. Dezember 2016 verübt hat, ist ebenfalls als Flüchtling nach Deutschland gekommen.

- Zwei der elf Täter der Terroranschläge am 13. November 2015 in Paris sind mutmaßlich getarnt als Flüchtlinge nach Europa gekommen.

Und es gibt eine Vielzahl von Ermittlungen gegen weitere terrorismusverdächtige Ausländer, die 2015/16 nach Deutschland gekommen sind.

Mit Blick auf diese Fälle könnte man meinen, dass die Einwanderung von Flüchtlingen zu steigender Terrorgefahr geführt hat. Schließlich kam es im Zuge der Zuwanderungswelle 2015 auch zu zahlreichen unkontrollierten Grenzübertritten und zeitweise zu einer sehr mangelhaften Identitätsprüfung vieler Flüchtlinge.

Mein persönliches Risiko, durch einen Terroranschlag in Mitleidenschaft gezogen zu werden, ist also gestiegen?

Dies bedeutet aber nicht zwangsläufig, dass das persönliche Risiko, Opfer einer terroristischen Attacke zu werden, durch die Zuwanderung von Flüchtlingen gestiegen ist. Wir könnten z. B. hinterfragen, ob zumindest einige der oben genannten Täter nicht auch ohne die Flüchtlingswelle von 2015 ins Land gekommen wären. Sofern sie bereits vor ihrer Einreise in die EU Kontakt z. B. zum IS hatten und bereits mit dem Ziel, einen Anschlag zu verüben, eingereist sind, hätten sie sicher nicht der Anonymität des Flüchtlingsstromes im Herbst 2015 bedurft, um unentdeckt in die EU zu kommen. Dafür haben Organisationen wie der IS auch andere Mittel und Wege.

Und dann stellt sich noch die Frage, ob ein geringfügiger Anstieg der Terrorgefahr eigentlich für einen persönlich relevant ist. Tatsächlich wurden durch Terrorismus jeglicher Art, also inklusive rechtsextremistischem und linksextremistischem Terror, seit 2014 15 Menschen in Deutschland getötet. Jeder dieser Fälle ist tragisch und bedeutet ein hartes Schicksal auch für die Angehörigen. Aber zum Vergleich: Durch Wespenstiche sterben in Deutschland 16 Menschen – jährlich!

Die Anzahl der durch jegliche Art von Terrorismus Verletzten betrug 80 Personen in den letzten sieben Jahren. Zum Vergleich: Es gibt in Deutschland jährlich ca. 100 Lottomillionäre. Wenn wir uns dann in Erinnerung rufen, dass nur ein sehr geringer Anteil der terroristischen Taten auf Flüchtlinge zurückzuführen ist, müssen wir feststellen: Die Frage, inwieweit das persönliche Schadensrisiko eines Bundesbürgers durch den Terrorismus gestiegen ist, welcher originär auf die Einwanderung von Flüchtlingen zurückzuführen ist, ist eine rein akademische und für unseren Alltag ziemlich irrelevant.

Vielleicht als indirekte Folge der Flüchtlingseinwanderung ist jedoch eine ganz spezielle Terrorgefahr gewachsen: die des Rechtsterrorismus. Die Zahl der Gewalttaten mit rechtsextremistischem Hintergrund in Deutschland ist in den letzten Jahren deutlich gestiegen.[125] Prominenteste Beispiele dafür sind vielleicht die NSU-Mordserie, der Anschlag von Halle 2019, der Anschlag von Hanau 2020 sowie der Mordfall Lübke.

Auch im europaweiten Vergleich ist festzustellen, dass insbesondere Deutschland eine hohe Zahl rechtsextremistischer Taten zu verzeichnen hat.[126] Und so bekräftigt das Bundesamt für Verfassungsschutz auf seiner Pressekonferenz am 12. März 2020:

»Rechtsextremismus und Rechtsterrorismus sind aktuell die größte Gefahr für die Demokratie in Deutschland.«[127]

Elevator Pitch:

Ausländer sind überproportional an der Kriminalität in Deutschland beteiligt. Im Bereich der Flüchtlinge trifft das jedoch weniger für Personen aus den Hauptherkunftsländern Syrien, Irak und Afghanistan zu, die 2015 ins Land gekommen sind. Stattdessen fallen hier vor allem Mehrfachtäter aus Nordafrika auf, die oft schon vor 2015 nach Deutschland gekommen waren. Insgesamt ist die Kriminalität in Deutschland seit 2015 zurückgegangen, die öffentliche Sicherheit hat nachweislich zugenommen.

Die Terrorgefahr durch Islamismus ist durch die Flüchtlingskrise nicht nennenswert gestiegen, im Gegensatz zum Rechtsterrorismus. Das persönliche Risiko, durch eine Terrorattacke Schaden zu erleiden, liegt in Deutschland nahe Null.

Jalumba wunderte sich über ihre Dorfbewohner. Die meisten wussten wenig vom Regen, der ihnen auf die Köpfe fiel und hatten nie im Wasser des Baches gebadet.

Weitere Missverständnisse

Es ist für eine zielführende Debatte zur Zuwanderung unerlässlich, Irrglauben, Klischees und Legenden zur Flüchtlingspolitik, zu Angela Merkel, zu Europa und zur Zuwanderung auszuräumen und durch Faktenwissen zu ersetzen. Die Irrtümer sind so zahlreich, dass in diesem Buch nicht auf jeden einzelnen eingegangen werden kann. Neben den in den bisherigen Kapiteln behandelten Legenden über die Flüchtlingspolitik gibt es aber ein paar weitere Missverständnisse und Irrtümer, die insbesondere von der politischen Rechten gestreut werden und welche mir in persönlichen Gesprächen und Workshops so oft begegnet sind, dass sie hier eine kurze Erwähnung finden sollen.

In der Hektik der Flüchtlingskrise ist es massenhaft
zu fehlerhaften Asylbescheiden gekommen?

Im Zuge der Flüchtlingskrise gab es Tage, an denen mehr als 10.000 Flüchtlinge täglich die deutsch-österreichische Grenze überquerten. Natürlich war es deutschen Polizisten trotz der im September 2015 vorübergehend durchgeführten Grenzkontrollen nicht möglich, all diese Menschen ordnungsgemäß zu registrieren, geschweige denn zu identifizieren. Viele Flüchtlinge reisten ohnehin ein, ohne Passdokumente vorzulegen, weil diese ihnen entweder von Schleusern abgenommen wurden oder sie diese gegenüber deutschen Behörden verbargen. Und auch das Bundesamt für Migration und Flüchtlinge (BAMF) kam überhaupt nicht mehr hinterher, alle Asylanträge ordnungsgemäß aufzunehmen und Ein-

zelgespräche mit den Geflüchteten zur Prüfung ihrer Fluchtgeschichte zu führen. Deshalb ordnete der Innenminister im
Herbst 2015 das »Fragebogenverfahren« für syrische Flüchtlinge an. Diese brauchten fortan nicht mehr persönlich beim
BAMF vorzusprechen, sondern konnten ihr Asylverfahren
schriftlich durchführen. Dieser Schritt brachte der Regierung Merkel massive Kritik ein. Die Sorge damals war, dass
es dadurch viele »falsche Syrer« geben könnte, die sich durch
eine vorgetäuschte syrische Nationalität Schutz in Deutschland erschlichen. Auch im Flüchtlingscamp in Visselhövede
wurde mir manchmal von Flüchtlingen zugetragen, dieser
oder jene Mitbewohner habe in Wahrheit eine andere Nationalität als angegeben.

Hinzu kam ein ausgesprochenes Wirrwarr an Regis-
trierungssoftware unter deutschen Behörden. Die Polizei
nutzte ein anderes System als das BAMF, dieses verwendete
ein anderes System als die Landesaufnahmebehörden, und
in den Flüchtlingscamps wurde wiederum eine andere Re-
gistrierungssoftware eingesetzt. Einen zuverlässigen Datenaustausch zwischen all diesen Stellen gab es nicht, bis 2016
der »Ankunftsnachweis« und eine einheitliche behörden-
übergreifende Software eingeführt wurde, die das Chaos
einigermaßen beendete. Das Durcheinander in Deutschland im Herbst 2015 war also groß, und niemand konnte
verlässlich sagen, wie viele Flüchtlinge woher kamen und
wo sie sich anschließend in Deutschland aufhielten. Einige
Flüchtlinge erkannten dies und es gelang ihnen, sich mehrmals in verschiedenen Orten zu registrieren und damit Sozialleistungen zu erschleichen. Auch glückte es einigen, mit
falschen Identitäten einzureisen, Sozialleistungen zu beziehen oder sich als Krimineller oder Dschihadist unbemerkt
in Deutschland zu bewegen. Der bekannteste Fall eines solchen Identitätsmissbrauchs ist wohl der damals 28-jährige
(deutsche) Oberstleutnant Franco A., der sich erfolgreich
als Flüchtling registrieren ließ, mit dem Ziel, später An-

schläge zu verüben und diese den Flüchtlingen in die Schuhe zu schieben.

Dies alles ist unbestritten. Aber wie groß war das Problem wirklich, welches durch die lückenhafte Registrierung während der Flüchtlingskrise entstanden ist? Führte es dazu, dass massenhaft Menschen zu Unrecht einen Schutzstatus in Deutschland erhielten?

Für die »Fragebogenverfahren« konnte diese These mittlerweile widerlegt werden. Im Zuge von Nachprüfungen wurde beim BAMF festgestellt, dass 99,6 % der syrischen Flüchtlinge im »Fragebogenverfahren« gegenüber dem BAMF nachprüfbar korrekte Angaben gemacht haben.[128] Von 45.609 durch das BAMF im Jahr 2019 geprüften Verfahren wurde nur in 177 Fällen der zuvor gewährte Schutzstatus zurückgenommen. In allen anderen wurde die Entscheidung bestätigt.

Ein ähnliches Bild ergibt die Gesamtschau der Nachprüfungen für alle Nationalitäten. Da die Bescheide über einen zugesprochenen Schutzstatus nach drei bis spätestens fünf Jahren im »Widerrufsverfahren« vom BAMF geprüft werden, wurden 2018 und 2019 besonders viele Verfahren untersucht, welche zu Zeiten der »Flüchtlingskrise« beantragt wurden. Fast alle Entscheidungen aus dieser Zeit wurden bestätigt.[129]

Die Flüchtlinge bilden den größten Anteil unter den in Deutschland lebenden Ausländern?

In Folge der Flüchtlingskrise entstand bei vielen Deutschen, zumindest bei der Mehrzahl meiner Workshop-Teilnehmer, der Eindruck, die Flüchtlinge stellten die Mehrheit der in Deutschland lebenden Ausländer dar. 2015 und 2016 kamen die meisten Zuwanderer tatsächlich als Flüchtlinge aus dem arabischen oder persischen Kulturkreis nach Deutschland. Insgesamt bilden aber immer noch Türken die größte Gruppe der in Deutschland lebenden Ausländer, gefolgt von Polen. Erst an dritter Stelle finden sich Syrer, auf den Rängen 4 bis 8 folgen wieder Bürger aus EU-Staaten.[130]

Anerkannte Asylbewerber bekommen Asyl?

Da grundsätzlich alle Schutzsuchenden, die nach Deutschland kommen und um Aufnahme bitten, »Asylbewerber« sind, liegt es nahe zu vermuten, dass diejenigen, die Schutz zugesprochen bekommen, auch »Asyl« erhalten. Dieses Missverständnis wird leider auch oft noch durch die Medien verbreitet. Das Staunen in meinen Workshops ist immer groß, wenn ich die tatsächlichen Zahlen präsentiere: Der Anteil der Asylbewerber, die politisches Asyl zugesprochen bekommen, liegt bei unter einem Prozent. Bei Anträgen, die aus der Flüchtlingskrise resultierten, lag dieser Anteil sogar bei nur 0,3 % (Abb. 15). Die meisten Asylbewerber erhalten bis heute einen anderen Schutzstatus, am häufigsten den Status »Flüchtling nach Genfer Flüchtlingskonvention« oder »subsidiären Schutz«. »Asyl« im engeren Sinne erhalten nur jene Menschen, die nachweisen können, dass sie in der Heimat unter einer gravierenden, individuellen Verfolgung durch staatliche Institutionen litten. Für Bürgerkriegsflüchtlinge und viele andere gilt das also nicht.

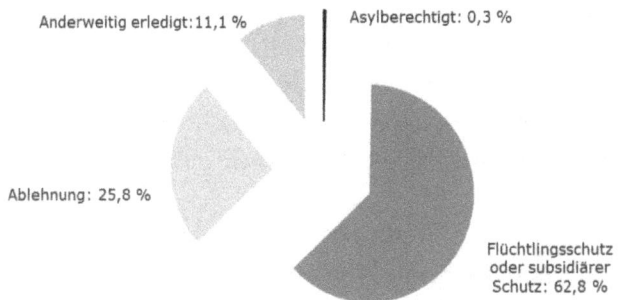

Anderweitig erledigt: 11,1 %

Asylberechtigt: 0,3 %

Ablehnung: 25,8 %

Flüchtlingsschutz oder subsidiärer Schutz: 62,8 %

Abb. 11: Entscheidungen des BAMF, 2016

Eigene Darstellung. Quelle: BAMF (2017): Das Bundesamt in Zahlen 2016. Asyl, Migration, Integration. https://www.bamf.de/SharedDocs/Anlagen/DE/Statistik/BundesamtinZahlen/bundesamt-in-zahlen-2016.pdf?__blob=publicationFile&v=16

Unbegleitete minderjährige Asylsuchende sind allein nach Deutschland gekommen?

Eine besonders schutzbedürftige Gruppe unter den Flüchtlingen bilden die »Unbegleiteten minderjährigen Asylbewerber«, die im Behördendeutsch als »UMA« abgekürzt werden. Für diese Flüchtlinge übernimmt nach ihrer Ankunft in Deutschland das Jugendamt die Verantwortung. Teilweise tun Jugendämter dies auch für schon volljährige Jugendliche. In den Jahren 2015 und 2016 war der Anteil der UMA unter den Flüchtlingen besonders groß, viele von ihnen kamen aus Afghanistan.

Als ich 2015 mit der Leitung der Notunterkunft für Flüchtlinge in Visselhövede betraut war und erstmals die hohen Zahlen der »UMAs« in unserem Camp las, war ich ziemlich bestürzt. »Wer macht denn sowas?«, fragte ich mich, »seine Kinder unbegleitet auf die gefährliche Flucht nach Deutschland schicken?« Ich war mir mit meinen Kollegen einig: So etwas würden wir unseren eigenen Kindern niemals zumuten. Heute jedoch weiß ich, dass dieses Thema, durch die Brille der Flüchtlinge betrachtet, völlig anders aussieht.

Der Name »Unbegleiteter Minderjähriger« legt zwar nahe, dass es sich um Minderjährige handelt, die ihre Flucht ohne Begleitung Erwachsener durchgeführt haben. Ich persönlich habe jedoch nie einen minderjährigen Flüchtling kennengelernt, der wirklich unbegleitet nach Deutschland geflüchtet wäre. Tatsächlich kamen die meisten in Begleitung eines Familienangehörigen wie Onkel, Tante, Cousin oder Geschwister. Nur eben ohne ihre leiblichen Eltern. Und ein 16- oder 17-jähriger Jugendlicher gilt in Afghanistan nicht unbedingt als minderjährig, sondern ist oft schon verheiratet und muss für seinen eigenen Lebensunterhalt sorgen. Auch muss man wissen, dass die Definition des Begriffes »Familie« im deutschen Recht eine völlig andere ist als in arabischen, persischen oder schwarzafrikanischen Kulturen. Wenn man mich als Deutschen fragt, wie viele Personen meine Familie umfasst, antworte ich: fünf – Vater, Mutter und drei Kinder. Wenn ich damals Flüchtlinge in unserem Camp nach der Größe ihrer Familie fragte, antworteten sie nicht selten mit Zahlen zwischen 100 und 300 Personen. Denn in ihrer Kultur zählen alle Cousins und Cousinen, Onkel und Tanten, Schwager und Schwippschwager und noch entferntere Verwandte zur Familie. Und dieser Familienverbund hat einen deutlich höheren Stellenwert als »Verwandtschaft« für Deutsche. So kommt es, dass viele Familien in den Herkunftsländern Geld gesammelt und dann einen oder mehrere Minderjährige in Begleitung eines Onkels oder Cousins auf die Flucht nach Deutschland geschickt haben. Die Motivation dahinter war oft, dass dieser Minderjährige entweder in Deutschland Geld verdienen und einen Teil davon nach Hause schicken oder aber andere Familienangehörige über den »Familiennachzug« nach Deutschland nachholen sollte. Sie kamen also meist nicht im Wortsinn »unbegleitet« und waren in den Augen ihrer Familien auch nicht wirklich minderjährig. Aus der Sicht deutscher Behörden dagegen traf beides zu.

Elevator Pitch:

Das BAMF hat Flüchtlingen vergleichsweise selten einen falschen Schutzstatus zugewiesen. Trotz der Einwanderung vieler Flüchtlinge aus dem Nahen Osten bilden Polen und Türken immer noch die größten Gruppen der in Deutschland lebenden Ausländer. Kaum ein Asylbewerber bekommt in Deutschland »Asyl« zugesprochen, die meisten bekommen eine andere Schutzkategorie. »Unbegleitete minderjährige Flüchtlinge« (UMA) kamen selten unbegleitet nach Deutschland.

Die Dorfbewohner palaverten noch wochenlang nur über den großen Regen. Als sie wieder aus ihren Hütten kamen, rieben sie sich verwundert die Augen. Sie hatten ganz vergessen, die Felder zu bestellen sowie Terrassen und Kanäle für den nächsten Regen zu planen.

Die eigentlichen Themen

Seit Jahren kreist die deutsche Debatte beim Thema Flüchtlinge um die Punkte Kriminalität, Terrorismus und Angela Merkel. Dabei hat die Flüchtlingskrise mit Kriminalität und Terrorismus so viel zu tun wie mit der Bundeskanzlerin, nämlich ziemlich wenig. Die Kriminalität in Deutschland ist durch die seit 2015 zugewanderten Flüchtlinge nicht gestiegen, und islamistischer Terror blieb in Deutschland weiterhin eine Randerscheinung. Angela Merkel hat den Zustrom von Flüchtlingen weder nennenswert ausgelöst noch eingedämmt, auch wenn sie für beides immer wieder von verschiedenen Seiten verantwortlich gemacht wird. Nach Deutschland sind deshalb so viele Flüchtlinge gekommen, weil es ein sicherer Rechtsstaat mit einem hohen Ansehen in der arabischen Welt ist, ein gutes soziales Sicherungsnetz für Flüchtlinge greift, Abschiebungen nur selten vollzogen werden können und andere europäische Länder erfolgreich das Dublin-System sabotieren. Und nach 2016 ist die Zuwanderung von Flüchtlingen nach Deutschland vor allem deshalb stark zurückgegangen, weil die »Balkanroute« geschlossen wurde und Länder wie Spanien, Italien und Griechenland Flüchtlinge bewusst in prekären Lebensumständen belassen, um weitere Menschen von der Flucht nach Europa abzuhalten.

Legenden zur Zuwanderung von Flüchtlingen sollten ebenso ausgeräumt und begraben werden wie falsche Zuschreibungen zu Angela Merkel, damit sich die Debatte unter ihrem Nachfolger im Kanzleramt wieder den eigentlich wichtigen Aspekten dieses Themas zuwenden kann. Dies sind aus meiner Sicht die folgenden:

Erstens: Wie kann die gesellschaftliche Integration so

vieler Menschen aus fremden Kulturkreisen langfristig gelingen? Von einer Antwort auf diese Frage hängt ab, ob die Fehler aus den letzten Jahrzehnten wiederholt werden, mit dem Resultat von Parallelgesellschaften, Clankriminalität und wachsendem Rechtsextremismus. Oder ob Zuwanderern ein echtes Angebot gemacht wird, sich in unsere Gesellschaft einzubinden und sich für sie zu engagieren sowie die uns wichtigen Aspekte des Zusammenlebens zu akzeptieren. Dieses Angebot muss für junge Menschen attraktiver sein als das von Salafisten und Drogenhändlern. Man müsste über dieses wichtige Thema mal ein richtig gutes Buch schreiben, wenn dies nicht schon jemand getan hätte. Ahmad Mansour veröffentlichte 2018 sein Werk »Klartext zur Integration: Gegen falsche Toleranz und Panikmache«. In diesem Buch steht nach meinem Dafürhalten alles drin, was Deutschland bei diesem Thema falsch oder richtig machen kann. Hoffentlich findet es viele weitere Leserinnen und Leser. Das Werk wendet sich einerseits gegen Rassismus und Fremdenfeindlichkeit. Es erteilt aber auch der Vorstellung eine Absage, dass durch überbordendes Verständnis für Integrationsverweigerer, Duldung von Parallelgesellschaften, milde Strafen für Straftäter und möglichst viel Toleranz bei religiös oder kulturell begründeten Verstößen gegen in Deutschland geltende Normen und Werte die Integration von arabischen Zuwanderern erleichtert würde. Im Gegenteil: Dies würde insbesondere junge Zuwanderer in Orientierungslosigkeit stürzen. Die meisten Flüchtlinge sind bewusst nach Deutschland gekommen und finden hier gute Perspektiven für ein freies, sicheres und selbstbestimmtes Leben vor. Im Gegenzug darf diese Gesellschaft ihnen auch Integrationsbemühungen abfordern, um unseren sozialen Frieden zu sichern und rechtsextreme Parteien dorthin zu schicken, wo sie hingehören: Unter die 5-Prozent-Hürde.

Zweitens: Wie finden wir zu einem Europäischen Grenzregime, das einerseits die Zuwanderung nach Europa begrenzt und Schleppern das Handwerk legt, andererseits aber nicht die Menschenrechte und das Asylrecht auf dem Altar der Abschreckung opfert? Wir könnten auch fragen: Warum wird das EU-Türkei-Abkommen nicht endlich von allen Seiten beherzt umgesetzt, um das Leiden der Flüchtlinge in griechischen Flüchtlingslagern zu beenden? Wir sollten bei diesem Thema nicht weiter auf Einigkeit mit denjenigen EU-Ländern hoffen, denen Flüchtlinge vollkommen egal sind, solange diese entweder in anderen Ländern festsitzen oder nach Deutschland durchgereicht werden können. Es braucht stattdessen intelligente Lösungen. Auch darüber gehört eigentlich mal ein richtig gutes Buch geschrieben, wäre Gerald Knaus, der Urheber des »EU-Türkei Deals«, dem nicht schon zuvorgekommen. In »Welche Grenzen brauchen wir?« lieferte er 2020 eine profunde Analyse globaler Grenzregime und Flüchtlingspolitiken und schlägt praktikable Wege vor, wie Deutschland und Europa einerseits die Menschenwürde von Flüchtlingen achten können, ohne andererseits von Flüchtlingen überrannt zu werden: Durch Übernahmeabkommen mit einzelnen Herkunftsländern, eingebettet in die Außenpolitik und Entwicklungshilfe. Auf diese Weise kann Deutschland stets ein sicherer Hafen für wirklich Verfolgte bleiben, wozu es aufgrund seiner Geschichte einen klaren Auftrag hat. Darüber hinaus muss Zuwanderung, die wir in Deutschland langfristig aufgrund des demographischen Wandels benötigen, wegkommen vom Missbrauch des Asylsystems hin zu einer geregelten Einwanderung von Fachkräften.

Drittens: Wie können die Medien zukünftig dazu beitragen, ein möglichst objektives, vollständiges und nüchternes Bild der Flüchtlingsthematik zu liefern? Es ist einer zielführenden Debatte über Zuwanderung abträglich, wenn in Zeitungen und Talkshows weiterhin so getan wird, als hätte das Ausmaß der Zuwanderung von Flüchtlingen bisher maßgeblich von Entscheidungen der Bundeskanzlerin abgehangen. Eine solche Sichtweise befördert Verschwörungstheorien. Auch ist es nicht hilfreich, wenn weiterhin behauptet wird, Deutschland profitiere vom völlig dysfunktionalen Dublin-System, obwohl das Gegenteil der Fall ist. Diese Darstellung produziert nur ein unterschwelliges Schuldgefühl beim Bundesbürger, der mit seinen Steuergeldern und oft auch mit persönlichem Engagement dazu beigetragen hat, dass Deutschland im letzten Jahrzehnt pro Kopf der Bevölkerung mehr Flüchtlinge aufnehmen und versorgen konnte als jedes andere Industrieland der Welt. Natürlich muss man dem Begriff »Lügenpresse« entschieden entgegentreten. Aber tatsächlich haben die deutschen Medien auch ein Stück weit zum Entstehen dieses schrecklichen Begriffes beigetragen, wenn bewusst ein einseitiges Bild der Zuwanderung sowie eine Verengung der Verantwortlichkeiten auf eine Person transportiert wurde. Es fördert den Rechtsextremismus, wenn die Medien weiterhin der Legende anhängen, die Zuwanderung der Flüchtlinge seit 2015 ginge auf Angela Merkel zurück. Warum sonst war der populärste Ruf auf rechten Demos »Merkel muss weg!«? Statt von Pro Asyl auf der einen und der AFD auf der anderen Seite (die beide versuchen, die deutsche Zuwanderungspolitik sturmreif zu schießen) sollte der Diskurs viel stärker aus der Mitte der Gesellschaft geführt werden. Wurde darüber eigentlich auch schon mal ein Buch geschrieben? Die Medien wie auch die demokratischen Parteien in der gesellschaftlichen Mitte Deutschlands müssen ihre Scheu ablegen, auch unangenehme Wahrheiten auszusprechen, ohne sich dabei gegenseitig zu belauern, wer wohl die erste kritische Bemerkung zur Zuwanderung macht, um denjenigen dann gleich in die rechte Ecke zu stellen. Dies muss mit einer klaren Abgrenzung zu den fortwährenden Lügen und Verzerrungen geschehen, mit denen die AFD und andere so erfolgreich auf Wählerfang gehen.

Viertens: Was haben wir bitte schon alles geschafft?! Statt Angela Merkels Satz »Wir schaffen das« wieder und wieder kritisch zu hinterfragen, könnten wir zur Abwechslung mal einen Blick auf die Erfolge dieses Landes beim Thema Zuwanderung werfen: Über eine Million Menschen aus fremden Kulturen wurden in den letzten sechs Jahren aufgenommen, mit Sprachkursen und Bildung versorgt und größtenteils auch in den Arbeitsprozess integriert. Deutschland hat, im Gegensatz zu vielen anderen EU-Ländern, nicht darauf gehofft, dass Flüchtlinge in andere Länder weiterziehen oder dies, durch eine schlechte Versorgung der Menschen gar bewusst gefördert. Stattdessen hat dieses Land Verantwortung übernommen. Politik, Wirtschaft und Zivilgesellschaft haben in die Hände gespuckt und daran gearbeitet, Flüchtlingen eine lebenswerte Zukunft in diesem Land zu bieten. Hunderttausende Deutsche, vielleicht Millionen, haben sich spontan ehrenamtlich oder freiwillig engagiert, um Zuwanderern beim Ankommen, bei der Wohnungssuche, beim Spracherwerb sowie bei der Suche nach einem Arbeitsplatz zu helfen oder einfach nur unser Land und unsere Gesellschaft zu erklären. Wie toll ist das denn? Man könnte einen zusätzlichen Feiertag dazu einführen, im Gedenken daran, zu wie viel Mitmenschlichkeit unsere Gesellschaft in der Lage ist. Vielleicht am 31. August, dem Tag von Angela Merkels »Wir schaffen das«. Es ist in den letzten Jahren eben nicht zu steigender Kriminalität, sinkendem Wohlstand, Bürgerkrieg oder gar »Umvolkung« gekommen. Das Ansehen von Deutschland in der EU und in der Welt war selten so hoch wie aktuell. Dies ist nicht zuletzt auch auf das Wirken der Bundeskanzlerin zurückzuführen sowie auf das »freundliche Gesicht«, das dieses Land 2015 angesichts einer humanitären Notlage gezeigt hat. Darauf dürfen viele Deutsche, wie ich finde, zu Recht stolz sein. Darauf kann auch Angela Merkel stolz sein. Hoffentlich schreibt mal jemand ein Buch darüber.

Schwarzmalerei ist in den deutschen Medien zwar deutlich populärer als Optimismus, aber ich finde, wir haben bei der Zuwanderung allen Grund, stolz auf dieses Land zu sein und hoffnungsvoll in die Zukunft zu blicken. Es gibt neben unbestreitbaren »Integrationskatastrophen« eben auch viele Beispiele gelungener Integration von Zuwanderern, die Vorbildcharakter entfalten können. Viele innenpolitische Weichenstellungen in die richtige Richtung wurden dabei von der Regierung Merkel vorgenommen, um Integration und Zuwanderung nach Deutschland in die richtigen Bahnen zu lenken. Die kommende Bundesregierung hat alle Chancen, weitere, vielleicht mutigere Schritte zu gehen.

Anhang

Danksagung

Ohne meine Familie wäre es mit diesem Buch nichts geworden. Manches Mal mussten unsere Kinder leise spielen, weil Papa sich auf das Schreiben konzentrieren wollte, und oft musste meine Frau gemeinsame Aktivitäten zurückstellen. Wenn ich unter literarischer Ladehemmung litt, gab sie mir Inspiration, und wenn ich frustriert alles hinschmeißen wollte, baute sie mich auf. Vielen Dank für eure Rücksicht, Motivation und Inspiration, ihr habt jetzt echt was gut bei mir.

Erheblich zur Fertigstellung dieses Buches beigetragen haben meine Schwägerin Verena von Behr und mein Cousin Heinrich Hachmöller, denen ich für ihre Vorschläge zu den ersten Entwürfen ganz herzlich danke. Hilfreiches Feedback erhielt ich auch von meiner Kollegin Franziska Wronka sowie meinen Freunden Michael Schwekendiek und Uwe Klotz, besten Dank dafür!

Ich danke dem Goldegg Verlag für das Vertrauen sowie das tolle Lektorat und viele gute Anregungen. Ein besonderer Dank geht an Samer Tannous und Jürgen Rombach für geteiltes Insiderwissen und erhellenden geistigen Austausch. Mohannad, Hussam, Abadi, Latif und vielen weiteren danke ich für Berichte zu ihrer Flucht und zu ihrer Motivation zur Flucht.

Dankbar bin ich auch Ahmad Mansour, Constantin Schreiber und Gerald Knaus, die nicht müde werden, ihre

profunde Fachkenntnis mit einer hoffentlich immer weiter-
wachsenden Leserschaft zu teilen und deren Werke maßgebliche Impulse für dieses Buch geliefert haben.

Und so sehr ich die Coronapandemie auch verfluche –
ohne die einjährige Zwangspause für meine verschiedenen
Hobbys hätte ich dieses Buch wahrscheinlich nie fertigge-
stellt. Aber einem so schrecklichen Virus an dieser Stelle zu
danken – das ginge zu weit.

Schließlich danke ich Jalumba, die mich eines Abends
überraschend besuchte, als das Buch eigentlich schon fertig
geschrieben war. Oder hatte ich das nur geträumt?

Endnoten

1 Schreiber, Constantin (2017): Merhaba, Flüchtling! Im Dialog mit arabischen Flüchtlingen, S. 89. Hoffmann und Campe Verlag, Hamburg

2 Kielinger, Thomas (2013): Globales Ranking: Deutschland ist weltweit das beliebteste Land, 23.05.2013, WELT; https://www.welt.de/politik/ausland/article116444653/Deutschland-ist-weltweit-das-beliebteste-Land.html – abgerufen am 26.05.2021

3 CPI 2019: Tabellarische Rangliste | Transparency International Deutschland e.V.; https://www.transparency.de/cpi/cpi-2019/cpi-2019-tabellarische-rangliste/?L=0 – abgerufen am 26.05.2021

4 Tatarczyk, Severin (2016): Liste: Verschwörungstheorien rund um Angela Merkel, 17.09.2016, das Blogmagazin, https://www.severint.net/2016/09/17/verschwoerungstheorien-rund-um-angela-merkel/ – abgerufen am 26.05.2021

5 Marschall, Birgit (2021): »Jeder Vierte misstraut den Medien«, 15.01.2021, rp-online.de, https://rp-online.de/politik/deutschland/umfrage-zum-medienkonsum-der-brger-jeder-vierte-misstraut-den-medien_aid-55673833 – abgerufen am 26.05.2021

6 Yüksel, Yasemin (2020): »Geht es den Deutschen zu gut?«, Podcast auf SPIEGEL-Online am 17.9.2020. https://www.spiegel.de/politik/deutschland/corona-regeln-warum-sind-die-proteste-gerade-in-deutschland-so-heftig-a-749e924e-6d77-46ab-bb18-512ff0f7d57b – abgerufen am 26.05.2021

7 Haller, Michael (2017): Die »Flüchtlingskrise« in den Medien. Tagesaktueller Journalismus zwischen Meinung und Information. Otto-Brenner-Stiftung, Frankfurt a. M.

8   Bundesregierung.de (2015): Im Wortlaut – Sommerpressekonferenz von Bundeskanzlerin Merkel: Thema Aktuelle Themen der Innen- und Außenpolitik. Mitschrift Pressekonferenz, 31.8.2015. https://www.bundesregierung. de/breg-de/aktuelles/pressekonferenzen/sommerpressekonferenz-von-bundeskanzlerin-merkel-848300 – abgerufen am 26.05.2021

9   Web.de, Generalaussprache im Bundestag: Alice Weidel kassiert Rüffel für »Kopftuchmädchen« und »Messermänner«, 16.05.2018, https://web.de/magazine/politik/ generalaussprache-bundestag-alice-weidel-kassiert-rueffel-kopftuchmaedchen-messermaenner-32965794 – abgerufen am 26.05.2021

10   Henkel, Hans-Olaf; Starbatty, Joachim (2016): Deutschland gehört auf die Couch! Warum Angela Merkel die Welt rettet und unser Land ruiniert, Europa Verlag GmbH & Co. KG

11   Schulte, Thorsten (2017): Kontrollverlust: Wer uns bedroht und wie wir uns schützen, Kopp Verlag

12   Paulsen, Petra (2018): Deutschland außer Rand und Band: Zwischen Werteverfall, Political (In)Correctness und illegaler Migration, Macht-steuert-Wissen; 1. Edition

13   Berlach, Michael (2016): Deutschland im Jahr 2030: Ein Land konvertiert zum Islam, MAGR

14   Nienaber, Ralf (2016): Geplanter Untergang: Wie Merkel und ihre Macher Deutschland zerstören, Lichtschlag Medien und Werbung

15   AfD Kreis Bielefeld, 05.09.2019, https://afd-bielefeld. de/aktuelles/2019/09/4-jahrestag-der-eigenmaechtigengrenzoeffnung-was-hat-merkel-uns-bloss-angetan/ – abgerufen am 26.05.2021

16   Braun, Stefan (2018): Ein Ausfallschritt mit hohem Spaltpotenzial, 22.11.2018, Süddeutsche Zeitung, https:// www.sueddeutsche.de/politik/merz-asylpolitik-kommentar-1.4222333 – abgerufen am 26.05.2021

17 Roßmann, Robert (2015): Spahn kritisiert deutsche Flüchtlingspolitik, Süddeutsche Zeitung, https://www. sueddeutsche.de/politik/streit-in-der-union-spahn-kriti-siert-deutsche-fluechtlingspolitik-1.2645664 – abgerufen am 26.05.2021

18 Christiane Kaess (2016): Wolfgang Bosbach zur Flücht-lingspolitik. »Ein Drittel der Unionsfraktion will eine Kurskorrektur«, 15.01.2016, https://www.deutschland-funk.de/wolfgang-bosbach-zur-fluechtlingspolitik-ein-drittel-der.694.de.html?dram:article_id=342535– abge-rufen am 26.05.2021

19 Mosthaf, Philipp (2019): Merkel-Kritiker Bosbach spricht über »Grenzöffnung« 2015: »Sie muss gewusst haben, …«, https://www.merkur.de/politik/merkel-fluechtlings-krise-wolfgang-bosbach-offene-grenzen-2015-cdu-bun-deskanzlerin-talkshow-zr-13229478.html – abgerufen am 26.05.2021

20 Kulms, Johannes (2015): Seehofer vs Merkel. »Stöpsel auf die Flasche kriegen«, https://www.deutschlandfunkkul-tur.de/seehofer-vs-merkel-stoepsel-auf-die-flasche-krie-gen.2165.de.html?dram:article_id=330897– abgerufen am 26.05.2021

21 Alexander, Robin (2015): Jetzt vergleichen sie Merkel sogar schon mit Jesus, WELT.de, 25.11.2015, https:// www.welt.de/politik/deutschland/article149262183/ Jetzt-vergleichen-sie-Merkel-sogar-schon-mit-Jesus.html – abgerufen am 26.05.2021

22 Oulios, Miltiadis (2015): Blackbox Abschiebung: Ge-schichte, Theorie und Praxis der deutschen Migrations-politik, edition suhrkamp

23 Hoenig, Matthias (2016): »Polizei toleriert Schleusung von Flüchtlingen«, WELT.de vom 22.01.2016, https:// www.welt.de/regionales/hamburg/article151334609/po-lizei-toleriert-Schleusung-von-Fluechtlingen.html – abge-rufen am 26.05.2021

24 Stettberger, Herbert (2017): Refugees Welcome. In: Herbert Stettberger (Hrsg): »Frau Merkel hat mich doch eingeladen«, Impulse für eine offene Debatte in der Flüchtlingspolitik. LIT Verlag

25 K.A. (2016): Gabriel wirft Union Integrationsversagen vor. ZEIT ONLINE vom 18.01.2016, http://www.zeit.de/politik/deutschland/2016-01/sigmar-gabriel-angela-merkel-integration-vorwurf-spd-cdu-fluechtlingspolitik – abgerufen am 26.05.2021

26 Abé Nicola et al. (2015): Herzdame, SPIEGEL 39/2015, 18.09.2015, https://www.spiegel.de/spiegel/print/d-138749214.html – abgerufen am 26.05.2021

27 Ettel, Anja; Zschäpitz, Holger (2016): Ist Merkel schuld an Flüchtlingskrise? Wer sonst? WELT ONLINE, 29.01.2016, https://www.welt.de/wirtschaft/article151603912/Ist-Merkel-schuld-an-Fluechtlingskrise-Wer-sonst.html – abgerufen am 26.05.2021

28 Tausch, Arno: Europe's Refugee Crisis. Zur aktuellen politischen Ökonomie von Migration, Asyl und Integration in Europa. (= MPRA Paper. Band 67400). University Library of Munich (Online – englisch: Europe's Refugee Crisis. On the current political economy of migration, asylum and integration in Europe.)

29 Merkel bei Anne Will: Ich habe einen Plan (07.10.2015), https://www.youtube.com/watch?v=TokGxNr_vxc – abgerufen am 26.05.2021

30 Schwartz, Kolja (2016): Wie funktioniert das Dublin-System? 05.04.2016, tagesschau.de, https://www.tagesschau.de/inland/faq-dublin-101.html – abgerufen am 26.05.2021

31 Stettberger, Herbert (2017): Refugees Welcome. In: Herbert Stettberger (Hrsg.): »Frau Merkel hat mich doch eingeladen«, Impulse für eine offene Debatte in der Flüchtlingspolitik. LIT Verlag

32 Faigle, Philip; Polke-Majewski, Karsten; Venohr, Sascha (2016): Merkel war es wirklich nicht, in: ZEIT ONLINE, 11.10.2016, https://www.zeit.de/politik/ausland/2016-10/fluechtlingspolitik-fluechtlinge-angela-merkel-balkanroute-offene-grenze – abgerufen am 26.05.2021

33 Knaus, Gerald (2020): Welche Grenzen brauchen wir? Zwischen Empathie und Angst – 50 Fakten zu Flucht und Migration, S. 166 ff., Piper Verlag

34 Alexander, Robin (2015): Merkel – nicht emotional beschränkt, nur sprachlich, WELT online, 16.07.2015, https://www.welt.de/politik/deutschland/article144106520/Merkel-nicht-emotional-beschraenkt-nur-sprachlich.html – abgerufen am 26.05.2021

35 Alexander, Robin (2017): Die Getriebenen. Merkel und die Flüchtlingspolitik: Report aus dem Innern der Macht, S. 52, Siedler Verlag

36 Meisner, Matthias; Afanasjew, Nik (2015): 1000 Flüchtlinge eingetroffen, 1600 weitere unterwegs, DER TAGESSPIEGEL online, https://www.tagesspiegel.de/politik/zuege-aus-ungarn-1000-fluechtlinge-eingetroffen-1600-weitere-unterwegs/12255874.html

37 Dr. Thomas de Maizière (2019): Regieren: Innenansichten der Politik. In: https://www.spiegel.de/politik/thomas-de-maiziere-ueber-fluechtlinge-2015-entscheiden-musste-ich-a-00000000-0002-0001-0000-000162286215 – abgerufen am 26.05.2021

38 Knaus, Gerald (2020): Welche Grenzen brauchen wir?, S. 174, Piper Verlag

39 Knaus, Gerald (2020): Welche Grenzen brauchen wir?, S. 172 ff., Piper Verlag

40 Knaus, Gerald (2020): Welche Grenzen brauchen wir?, S. 177, Piper Verlag

41 K.A. (2021), Pushbacks sind einfach illegal, 28.01.2021, https://www.tagesschau.de/ausland/europa/unhcrfluechtlinge-101.html – abgerufen am 26.05.2021

42 Knaus, Gerald (2020): Welche Grenzen brauchen wir?, S. 168, Piper Verlag

43 MDR.DE (2021): Verkehrssituation an deutsch-tschechischer Grenze beruhigt sich, 15.02.2021, https://www.mdr.de/sachsen/corona-grenzkontrollen-tschechien-pendler-polizei-100.html – abgerufen am 26.05.2021

44 Faigle, Philip; Polke-Majewski, Karsten; Venohr, Sascha (2016): Merkel war es wirklich nicht, in: ZEIT ONLINE, 11.10.2016, https://www.zeit.de/politik/ausland/2016-10/fluechtlingspolitik-fluechtlinge-angela-merkel-balkanroute-offene-grenze – abgerufen am 26.05.2021

45 Hagen, Violetta (2015): Merkel, Mutter der Ausgestoßenen, StZ online, 30.08.2015, https://www.stuttgarter-zeitung.de/inhalt.arabische-facebookseite-fuer-die-kanzlerin-merkel-mutter-der-ausgestossenen.167a5bc7-cd1c-4d3a-b923-dd3a3e19059b.html – abgerufen am 26.05.2021

46 Stettberger, Herbert (2017): Refugees Welcome. In: Herbert Stettberger (Hrsg.): »Frau Merkel hat mich doch eingeladen«, Impulse für eine offene Debatte in der Flüchtlingspolitik. Die ARD räumt ein. Verzerrte Berichterstattung bei Flüchtlingen, Berliner Kurier vom 20.10.2015, LIT Verlag

47 Alexander, Robin (2017): Die Getriebenen. Merkel und die Flüchtlingspolitik: Report aus dem Innern der Macht, S. 51, Siedler Verlag

48 rtr EURACTIV.de (2015): Angela Merkel und die Flüchtlinge, 15.10.2015, https://www.euractiv.de/section/eu-innenpolitik/news/angela-merkel-und-die-fluchtlinge/ – abgerufen am 26.05.2021

49 Lucke, Bernd: Die drei historischen Fehlentscheidungen von Merkel, FOCUS online, https://www.focus.de/politik/experten/videos/politik-die-drei-historischen-fehlentscheidungen-von-angela-merkel_id_6125407.html – abgerufen am 26.05.2021

50   Pressekonferenz von Bundeskanzlerin Merkel und dem
      österreichischen Bundeskanzler Faymann im Bundes-
      kanzleramt am 15.09.2015

51   Faigle, Philip; Polke-Majewski, Karsten; Venohr, Sa-
      scha (2016): Merkel war es wirklich nicht, in: ZEIT
      ONLINE, 11.10.2016, https://www.zeit.de/politik/
      ausland/2016-10/fluechtlingspolitik-fluechtlinge-ange-
      la-merkel-balkanroute-offene-grenze – abgerufen am
      26.05.2021

52   Feroz, Emran; Coon, Nina (translate) (2015): Ther's
      nothing left to keep me here, Qantara.de, 12.10.2015,
      https://en.qantara.de/content/afghanistan-the-talibans-
      kunduz-offensive-theres-nothing-left-to-keep-me-here –
      abgerufen am 26.05.2021

53   Kruse, Niels/Interview (2016): Die Bundesregierung
      tut, was sie kann. Aber das reicht nicht. stern online,
      21.01.2016, https://www.stern.de/panorama/weltgesche-
      hen/fluechtlinge--die-bundesregierung-tut--was-sie-kann-
      -aber-das-reicht-nicht---ralf-suedhoff-vom-wfp-6660264.
      html – abgerufen am 26.05.2021

54   Eisenreich, Ruth (2016): Was Merkel übersehen hat, SZ.de,
      24.09.2015, https://www.sueddeutsche.de/politik/syrien-
      fluechtlinge-was-merkel-uebersehen-hat-1.2662655 – ab-
      gerufen am 26.05.2021

55   K.A. (2016): Iran Sending Thousands of Afghans to Fight
      in Syria, hrw.org, 29.01.2016, https://www.hrw.org/
      news/2016/01/29/iran-sending-thousands-afghans-fight-
      syria – abgerufen am 26.05.2021

56   Name geändert

57   Name geändert

58   UN World Food Programme (Hrsg) (2017): At the Root
      of Exodus: Food security, conflict and international mig-
      ration, Rom

59   Rother, N.; Schupp, J. (Hrsg.) (2016): IAB-BAMF-SOEP-
      Befragung von Geflüchteten: Überblick und erste Ergeb-
      nisse, IAB-Forschungsbericht 14/2016

60 K.A. (2020): Nach fünf Jahren in Deutschland: Viele Flüchtlinge haben einen Job, zdfheute online, 04.02.2020, https://www.zdf.de/nachrichten/heute/nach-fuenf-jah-ren-in-deutschland-viele-fluechtlinge-haben-einen-job-100.html – abgerufen am 26.05.2021

61 Name geändert

62 Werner, Christian, Khello, Tarek (2016): Flüchtlinge in Deutschland. Gelockt von falschen Versprechungen, Deutschlandfunk, 19.7.2016, https://www.deutschland-funk.de/fluechtlinge-in-deutschland-gelockt-von-fal-schen.724.de.html?dram:article_id=360598 – abgerufen am 26.05.2021

63 lgr/dpa/Reuters/AFP (2015): Welcome to Munich, SPIE-GEL Ausland online, 05.09.2015 https://www.spiegel.de/politik/ausland/deutschland-erlaubt-einreise-von-un-garn-sonderzug-nach-muenchen-a-1051592.html – abge-rufen am 26.05.2021

64 Stettberger, Herbert (2017): Refugees Welcome. In: Herbert Stettberger (Hrsg.): »Frau Merkel hat mich doch eingeladen«, Impulse für eine offene Debatte in der Flücht-lingspolitik. Die ARD räumt ein. Verzerrte Berichterstat-tung bei Flüchtlingen, Berliner Kurier vom 20.10.2015, LIT Verlag

65 Haller, Michael (2017): Die »Flüchtlingskrise« in den Me-dien. Tagesaktueller Journalismus zwischen Meinung und Information. OBS Arbeitsheft Nr. 93, Otto Brenner Stif-tung. https://www.otto-brenner-stiftung.de/fileadmin/user_data/stiftung/02_Wissenschaftsportal/03_Publika-tionen/AH93_Fluechtingskrise_Haller_2017_07_20.pdf – abgerufen am 26.05.2021

66 Presse- und Informationsamt der Bundesregierung, Berlin (2016): Meinungen zur aktuellen Flüchtlingssituation in Europa und Deutschland (Mai 2015). GESIS Datenarchiv, Köln. ZA6609 Datenfile Version 1.0.0, https://doi.org/10.4232/1.12432, Meinungen zur aktuellen Flüchtlingssituation in Europa und Deutschland, Mai 2015. https://dbk.gesis.org/dbksearch/SDesc2. asp?DB=D&no=6609 – abgerufen am 26.05.2021

67 Arab, Adrian (2017): Dann muss man sich nicht wundern, wenn Flüchtlinge in dieses Land wollen, WELT online, 21.06.2017, https://www.welt.de/politik/deutschland/article165797739/Dann-muss-man-sich-nicht-wundern-wenn-Fluechtlinge-in-dieses-Land-wollen.html – abgerufen am 26.05.2021

68 Knaus, Gerald (2020): Welche Grenzen brauchen wir?, S. 182 ff., Piper Verlag

69 Knaus, Gerald (2020): Welche Grenzen brauchen wir?, S. 193 ff., Piper Verlag

70 Grote, Janne (2018): Die veränderte Fluchtmigration in den Jahren 2014 bis 2016: Reaktionen und Maßnahmen in Deutschland. Fokusstudie der deutschen nationalen Kontaktstelle für das Europäische Migrationsnetzwerk (EMN), Working Paper 79, Bundesamt für Migration und Flüchtlinge 2018, S. 24, https://ec.europa.eu/home-affairs/sites/default/files/11b_germany_changing_influx_final_de_0.pdf – abgerufen am 26.05.2021

71 Elfogott migránsok száma (Ungarische Grenzpolizei) (Memento vom 23. August 2018 im Internet Archive), »Anzahl der überprüften Migranten« In: https://de.wikipedia.org/wiki/Ungarischer_Grenzzaun

72 Knaus, Gerald (2020): Welche Grenzen brauchen wir?, S. 197, Piper Verlag

73 Knaus, Gerald (2020): Welche Grenzen brauchen wir?, S. 196, Piper Verlag

74 Feldenkirchen, Markus (2019): Die Lage, Morning Briefing, SPIEGEL Politik Online, 9.7.2019: https://www.spiegel.de/politik/deutschland/news-italien-fluechtlinge-carola-rackete-boris-johnson-jeremy-hunt-brexit-a-1276279.html – abgerufen am 26.05.2021

75 dpa/mp (2017): Es ist unverantwortlich, Italien im Stich zu lassen. ZEIT ONLINE 27.07.2017, https://www.zeit.de/politik/ausland/2017-07/fluechtlinge-italien-integrationsbeauftragte – abgerufen am 26.05.2021

76 Flüchtlingsrat Schleswig-Holstein (2016): Newsletter für Migration und Flüchtlingssolidarität in Schleswig-Holstein, Jahresstatistiken des Bundesamtes für Migration und Flüchtlinge (BAMF) 2015, Beilage BB25, https://www.frsh.de/fileadmin/beiboot/BB25/BB-25-11-Anlage.pdf – abgerufen am 26.05.2021

77 Bundesamt für Migration und Flüchtlinge (2015): Das Bundesamt in Zahlen 2015, Asyl, Migration und Integration, S. 54, https://www.bamf.de/SharedDocs/Anlagen/DE/Statistik/BundesamtinZahlen/bundesamt-in-zahlen-2015.pdf?__blob=publicationFile&v=16, Seite 54 – abgerufen am 26.05.2021

78 Europäische Flüchtlingskrise, https://de.wikipedia.org/wiki/Europ%C3%A4ische_Fl%C3%BCchtlingskrise

79 Katzer, Philipp (2015): Ich bin mit Flüchtlingen von Italien nach Deutschland gereist, 17.07.2015, https://www.vice.com/de/article/mvwpwn/ich-bin-mit-fluechtlingen-von-italien-nach-deutschland-gereist-463 – abgerufen am 26.05.2021

80 ppo/dpa (2013): 500 Euro für den Weg nach Deutschland, ntv online, 28.05.2013, https://www.n-tv.de/politik/500-Euro-fuer-den-Weg-nach-Deutschland-article10720196.html – abgerufen am 26.05.2021

81 https://ec.europa.eu/eurostat/databrowser/view/sdg_08_10/default/table?lang=de

82 Knaus, Gerald (2020): Welche Grenzen brauchen wir?, S. 196, Piper Verlag

83 Knaus, Gerald (2020): Welche Grenzen brauchen wir?, S. 196, Piper Verlag

84 Bundesamt für Migration und Flüchtlinge (BAMF), 2015: Das Bundesamt in Zahlen 2014. Asyl, Migration und Integration. https://www.bamf.de/SharedDocs/Anlagen/DE/Statistik/Bundesamtin-Zahlen/bundesamt-in-zahlen-2014.pdf;jsessionid=BB6EADCAC1CDEF1BCD191935F4886379.internet552?__blob=publicationFile&v=14

Bundesamt für Migration und Flüchtlinge (BAMF), 2016: Das Bundesamt in Zahlen 2015. Asyl, Migration und Integration. https://www.bamf.de/SharedDocs/Anlagen/DE/Statistik/BundesamtinZahlen/bundesamt-in-zahlen-2015.pdf?__blob=publicationFile&v=16

Bundesamt für Migration und Flüchtlinge (BAMF), 2017: Das Bundesamt in Zahlen 2016. Asyl, Migration und Integration. https://www.bamf.de/SharedDocs/Anlagen/DE/Statistik/BundesamtinZahlen/bundesamt-in-zahlen-2016.html?nn=284738

Bundesamt für Migration und Flüchtlinge (BAMF), 2018: Das Bundesamt in Zahlen 2017. Asyl, Migration und Integration. https://www.bamf.de/SharedDocs/Anlagen/DE/Statistik/Bundesamtin-Zahlen/bundesamt-in-zahlen-2017.pdf;jsessionid=44E9CB381F79E986C42325657431FCB7.internet551?__blob=publicationFile&v=17

Bundesamt für Migration und Flüchtlinge (BAMF), 2019: Das Bundesamt in Zahlen 2018. Asyl, Migration und Integration. https://www.bamf.de/SharedDocs/Anlagen/DE/Statistik/BundesamtinZahlen/bundesamt-in-zahlen-2018.pdf;jsessionid=728BDEA6FE3839FCEADEE42EBF628EE8.internet552?__blob=publicationFile&v=16

Bundesamt für Migration und Flüchtlinge (BAMF), 2020: Das Bundesamt in Zahlen 2019. Asyl, Migration und Integration. https://www.bamf.de/SharedDocs/Anlagen/DE/Statistik/BundesamtinZahlen/bundesamt-in-zahlen-2019.pdf;jsessionid=5E5550E154BB39CF3D0667976563F90E.internet551?__blob=publicationFile&v=5

85 Straatmann, Lara; Seemann, Lisa; Konopatzki, Frank (2019): Hilflos, obdachlos, chancenlos: Das Elend der Flüchtlinge in Italien, Das Erste online, 23.05.2019, https://www1.wdr.de/daserste/monitor/sendungen/fluechtlinge-italien-100.html – abgerufen am 26.05.2021

86 K.A. (2015): Das Problem ist ein deutsches Problem, FAZ online, 03.09.2015, https://www.faz.net/aktuell/politik/fluechtlingskrise/orban-ueber-fluechtlingskrise-das-problem-ist-ein-deutsches-problem-13783525.html – abgerufen am 26.05.2021

87 Erdoğan, M. Murat (2019): Syrische Flüchtlinge in der Türkei. Konrad-Adenauer-Stiftung, 2017; https://www.kas.de/documents/283907/7339115/Syrische+Fl%C3%BCchtlinge+in+der+T%C3%BCrkei.pdf/5c742b3e-ae4f-edf7-4029-bb756de65465?version=1.0&t=1573721339201 – abgerufen am 26.05.2021

88 Lange, Stefan (2020): EU-Türkei-Pakt: Jeder neue Flüchtling erhöht den Druck auf Merkel, Augsburger Allgemeine online, 01.03.2020, https://www.augsburger-allgemeine.de/politik/EU-Tuerkei-Pakt-Jeder-neue-Fluechtling-erhoeht-den-Druck-auf-Merkel-id56933561.html – abgerufen am 26.05.2021

89 Schwartz, Kolja (2016): Wie funktioniert das Dublin-System?, tagesschau.de, 05.04.2016, https://www.tagesschau.de/inland/faq-dublin-101.html – abgerufen am 26.05.2021

90 Name geändert

91 Stettberger, Herbert (Hrsg) (2017): »Frau Merkel hat mich doch eingeladen«, Impulse für eine offene Debatte in der Flüchtlingspolitik UNHCR, Global Trends. Forced Displacement in 2016. Genf. In: Herbert Stettberger (2017): Refugees Welcome. LIT Verlag

92 Koelbl, Susanne (2018): Warum Deutsche und Flüchtlinge sich so oft missverstehen. SPIEGEL Politik online, 31.08.2018, https://www.spiegel.de/politik/zohre-esmaeli-warum-deutsche-und-fluechtlinge-sich-so-oft-nicht-verstehen-a-00000000-0002-0001-0000-000159189587 – abgerufen am 26.05.2021

93 Afd.de Zuwanderung | Asyl – Alternative für Deutschland (afd.de) – abgerufen am 26.05.2021

94 Sturm, Daniel Friedrich (2016): SPD fordert Integrationskonzept von Merkel, WELT online, 07.02.2016, https://www.welt.de/politik/deutschland/article151918184/SPD-fordert-Integrationskonzept-von-Merkel.html – abgerufen am 26.05.2021

95 Monath, Hans (2017): Die Kanzlerin bremst den Kandidaten aus, DER TAGESSPIEGEL online, 27.07.2017, https://www.tagesspiegel.de/politik/kritik-an-merkels-fluechtlingspolitik-die-kanzlerin-bremst-den-kandidaten-aus/20116032.html – abgerufen am 26.05.2021

96 lukra/dpa (2019): Merz wirft Merkel »Untätigkeit und mangelnde Führung« vor, rp-onlinde-de, 29.10.2019, (https://rp-online.de/politik/deutschland/friedrich-merz-wirft-angela-merkel-untaetigkeit-und-mangelnde-fuehrung-vor_aid-46814663 – abgerufen am 26.05.2021

97 K.A. (2017): Die Untätigkeit der Kanzlerin wird uns einholen, lkz.de, 08.09.2017, https://www.lkz.de/home_artikel,-die-untaetigkeit-der-kanzlerin-wird-uns-einholen-_arid,439788.html – abgerufen am 26.05.2021

98 Grote, Janne (2018): Die veränderte Fluchtmigration in den Jahren 2014 bis 2016: Reaktionen und Maßnahmen in Deutschland. Fokusstudie der deutschen nationalen Kontaktstelle für das Europäische Migrationsnetzwerk (EMN), Working Paper 79, Bundesamt für Migration und Flüchtlinge 2018, S. 24, https://ec.europa.eu/home-affairs/sites/default/files/11b_germany_changing_influx_final_de_0.pdf ab Seite 30 – abgerufen am 26.05.2021

99 NTV Online (06.01.2017): »Kriminalität von Nordafrikanern. Was bringen verkürzte Asylverfahren?«, https://www.n-tv.de/politik/Was-bringen-verkuerzte-Asylverfahren-article19482866.html - abgerufen am 05.06.2021

100 Marx, Iris (2020): So wurde die Asylpolitik verschärft, tagesschau.de, 5.9.2020, https://www.tagesschau.de/bilanz-fluechtlingspolitik-verschaerfung-101.html – abgerufen am 26.05.2021

101 Grote, Janne (2018): Die veränderte Fluchtmigration in den Jahren 2014 bis 2016: Reaktionen und Maßnahmen in Deutschland. Fokusstudie der deutschen nationalen Kontaktstelle für das Europäische Migrationsnetzwerk (EMN), Working Paper 79, Bundesamt für Migration und Flüchtlinge 2018, S. 24, https://ec.europa.eu/home-affairs/sites/default/files/11b_germany_changing_influx_final_de_0.pdf ab Seite 35 – abgerufen am 26.05.2021

102 https://www.faz.net/aktuell/politik/ralf-jaeger-fordert-abschiebevereinbarung-mit-marokko-14277462.html, abgerufen am 5.6.2021

103 Knaus, Gerald (2020): Welche Grenzen brauchen wir?, S. 221 ff., Piper Verlag

104 Knaus, Gerald (2020): Welche Grenzen brauchen wir?, S. 229, Piper Verlag

105 Bundesministerium für wirtschaftliche Zusammenarbeit und Entwicklung, bmz.de, https://www.bmz.de/de/themen/Sonderinitiative-Fluchtursachen-bekaempfen-Fluechtlinge-reintegrieren/deutsche_politik/index.jsp – abgerufen am 26.05.2021

106 Die Bundesregierung, bundesregierung.de, https://www.
bundesregierung.de/breg-de/service/was-tut-die-bun-
desregierung-damit-menschen-nicht-fluechten-mues-
sen--511874 – abgerufen am 26.05.2021

107 AfD Kreis Bielefeld, 4. Jahrestag der eigenmächtigen Grenzöffnung: Was hat Merkel uns bloß angetan?
05.09.2019, https://afd-bielefeld.de/aktuelles/2019/09/4-
jahrestag-der-eigenmaechtigen-grenzoeffnung-was-hat-
merkel-uns-bloss-angetan/ – abgerufen am 26.05.2021

108 K.A. (2018): Das Staatsversagen bei der »Flüchtlings-
Kriminalität« verunsichert die Bürger, afdkompakt.de,
03.12.2018, https://afdkompakt.de/2018/12/03/haben-
staatliche-stellen-eine-vergewaltigung-in-brandenburg-
verschwiegen/ – abgerufen am 26.05.2021

109 Sauerbier, Michael (2018): Wie AfD-Kalbitz mal wieder
die Fakten verdreht, BZ online, 05.08.2018, https://www.
bz-berlin.de/berlin/umland/wie-afd-kalbitz-mal-wieder-
die-fakten-verdreht – abgerufen am 26.05.2021

110 Niehues, Judith/Schüler, Ruth Maria/Tissen, Jana (2021):
»Selektiver Medienkonsum und sozio-ökonomisches Un-
wissen – ein Katalysator für Unzufriedenheit?« In: Institut der deutschen Wirtschaft (2021): Informationen aus
dem Institut der deutschen Wirtschaft, Ausgabe 11/2021,
https://www.iwkoeln.de/medienkonsum

111 Bundeskriminalamt (2018): Kriminalität im Kontext
von Zuwanderung, Bundeslagebild 2018, https://www.
bka.de/SharedDocs/Downloads/DE/Publikationen/Jah-
resberichteUndLagebilder/KriminalitaetImKontextVon-
Zuwanderung/KriminalitaetImKontextVonZuwande-
rung_2018.html?nn=62336 – abgerufen am 26.05.2021

112 Bundeskriminalamt (2018): Kriminalität im Kontext
von Zuwanderung, Bundeslagebild 2018, https://www.
bka.de/SharedDocs/Downloads/DE/Publikationen/Jah-
resberichteUndLagebilder/KriminalitaetImKontextVon-
Zuwanderung/KriminalitaetImKontextVonZuwande-
rung_2018.html?nn=62336 – abgerufen am 26.05.2021

113 Bundeskriminalamt, Berichtsjahr 2019 im Überblick, https://www.bka.de/DE/AktuelleInformationen/StatistikenLagebilder/PolizeilicheKriminalstatistik/PKS2019/pks2019_node.html – abgerufen am 26.05.2021

114 Bundeskriminalamt (2018): Kriminalität im Kontext von Zuwanderung, Bundeslagebild 2018, https://www.bka.de/SharedDocs/Downloads/DE/Publikationen/JahresberichteUndLagebilder/KriminalitaetImKontextVonZuwanderung/KriminalitaetImKontextVonZuwanderung_2018.html?nn=62336 – abgerufen am 26.05.2021

115 Diehl, Jörg (2016): Eine schwierige Klientel, SPIEGEL Panorama online, 12.01.2016, https://www.spiegel.de/panorama/justiz/kriminelle-migranten-taeter-aus-nordafrika-bereiten-polizei-sorgen-a-1071674.html – abgerufen am 26.05.2021

116 Bundeskriminalamt (2018) Bundeslagebild Kriminalität im Kontext von Zuwanderung 2017. Wiesbaden: Bundeskriminalamt. https://www.bka.de/SharedDocs/Downloads/DE/Publikationen/JahresberichteUndLagebilder/KriminalitaetImKontextVonZuwanderung/KriminalitaetImKontextVonZuwanderung_2017.pdf?__blob=publicationFile&v=3 – abgerufen am 05.06.2021

117 Diehl, Jörg (2016): Eine schwierige Klientel, SPIEGEL Panorama online, 12.01.2016, https://www.spiegel.de/panorama/justiz/kriminelle-migranten-taeter-aus-nordafrika-bereiten-polizei-sorgen-a-1071674.html – abgerufen am 26.05.2021

118 Fiedler, Markus (2021): Tod nach Impfung, freee21.org, 26.05.2021, http://www.free21.org/wie-kriminell-sind-die-fluechtlinge-wirklich/ – abgerufen am 26.05.2021

119 ZEIT ONLINE (02.01.2019): »Faktencheck: Sind Ausländer häufiger kriminell als Deutsche?«, https://www.zeit.de/news/2019-01/08/faktencheck-sind-auslaender-haeufiger-kriminell-als-deutsche-181221-99-316592?utm_referrer=https%3A%2F%2Fwww.bing.com%2F – abgerufen am 05.06.2021

120 Fiedler, Markus (2021): Tod nach Impfung, freee21.org, 26.05.2021, http://www.free21.org/wie-kriminell-sind-die-fluechtlinge-wirklich/ – abgerufen am 26.05.2021

121 Spasovka, Verica (2016): Kommentar: Flüchtlinge nicht unter Generalverdacht stellen, dw.com, 27.03.2016, https://www.dw.com/de/kommentar-fl%C3%BCchtlinge-nicht-unter-generalverdacht-stellen/a-19143850 – abgerufen am 26.05.2021

122 Graw, Ansgar (2016): Deutsche fürchten mehr Terrorgefahr wegen Flüchtlingen, WELT online, 12.07.2016, https://www.welt.de/politik/ausland/article156959239/Deutsche-fuerchten-mehr-Terrorgefahr-wegen-Fluechtlingen.html – abgerufen am 26.05.2021

123 K.A. (2016): Erhöhte Terrorgefahr durch Flüchtlinge? tagesschau.de, 25.07.2016, https://www.tagesschau.de/inland/fluechtlinge-terrorgefahr-101.html – abgerufen am 26.05.2021

124 rad/dpa (2016): Merkel: Terror nicht durch Flüchtlinge gekommen, FAZ online, 28.08.2016, https://www.faz.net/aktuell/politik/fluechtlingskrise/angela-merkel-kein-zusammenhang-zwischen-fluechtlinge-terrorgefahr-14393721.html – abgerufen am 26.05.2021

125 Statista (2020): Anzahl der politisch motivierten Gewalttaten mit rechtsextremistischem Hintergrund in Deutschland von 2008 bis 2018 nach Zielrichtung der Straftat. https://de.statista.com/statistik/daten/studie/4696/umfrage/rechtsextremismus-gewalttaten-nach-zielrichtung-der-straftat/ – abgerufen am 26.05.2021

126 Brandt, Mathias (2020): Rechter Terror in Westeuropa, statista, 24.02.2020, https://de.statista.com/infografik/20915/anzahl-der-faelle-von-rechts-terrorismus-und-rechter-gewalt-in-westeuropa/ – abgerufen am 26.05.2021

127 Bundesamt für Verfassungsschutz, https://www.verfassungsschutz.de/de/oeffentlichkeitsarbeit/vortraege/eingangsstatement-p-20200312-pressekonferenz-zum-stand-der-bekaempfung-des-rechtsextremismus – abgerufen am 26.05.2021

128 Antwort der Bundesregierung auf die Kleine Anfrage der Abgeordneten Ulla Jelpke, Dr. André Hahn, Gökay Akbulut, weiterer Abgeordneter und der Fraktion DIE LINKE. – Drucksache 19/21913 – Ergänzende Informationen zur Asylstatistik für 2019 und das laufende Jahr 2020 – Schwerpunktfragen zu Widerrufsprüfungen, https://dserver.bundestag.de/btd/19/228/1922842.pdf - abgerufen am 05.05.2021

129 Bundesamt für Migration und Flüchtlinge (2019): Das Bundesamt in Zahlen 2019. Asyl, Migration und Integration, https://www.bamf.de/Shared-Docs/Anlagen/DE/Statistik/BundesamtinZahlen/bundesamt-in-zahlen-2019.pdf;jsessionid=072E9A-710B5413E5B6D12FD27F696267.internet572?__blob=publicationFile&v=5 – abgerufen am 26.05.2021

130 CRP, Politik und Zeitgeschichte, https://crp-infotec.de/deutschland-auslaender/ – abgerufen am 26.05.2021